Angelika von der Beek · Gerd E. Schäfer · Antje Steudel
Bildung im Elementarbereich – Wirklichkeit und Phantasie

Angelika von der Beek · Gerd E. Schäfer · Antje Steudel

Bildung im Elementarbereich – Wirklichkeit und Phantasie

verlag das netz   Weimar · Berlin

Bitte richten Sie Ihre Wünsche, Kritiken und Fragen an:
verlag das netz
Redaktion Betrifft KINDER
Wilhelm-Kuhr-Str. 64
13187 Berlin
Telefon 030.48 09 65 36
Telefax 030.481 56 86
evagrueber@verlagdasnetz.de

ISBN 978-3-937785-51-6

Alle Rechte vorbehalten
© 2006 verlag das netz, Weimar · Berlin
Das Werk und alle seine Teile sind urheberrechtlich geschützt. Jede Verwertung außerhalb der Grenzen des Urheberrechtsgesetzes ist ohne Zustimmung des Verlages nicht zulässig und strafbar. Das gilt insbesondere für Vervielfältigungen, Übersetzungen, Mikroverfilmungen und die Einspeicherung und Verarbeitung in elektronischen Systemen.

Gestaltung: Jens Klennert, Tania Miguez
Druck und Bindung: Colordruck, Zwickau
Printed in Germany
Weitere Informationen finden Sie unter www.verlagdasnetz.de.

Inhalt

Einführung   8

    Die Modelleinrichtungen   9

    Das Konzept des Projekts   11

    Zusammenfassung der wichtigsten Erkenntnisse aus dem Projekt   13
    »Bildung im Elementarbereich – Wiklichkeit und Phantasie

Bildungsprozesse umsetzen – Das Modul »Institution und Organisation«   16

    Ziele des Moduls   17

    Fragen und Probleme   17

    Die Umsetzung: Was geschah?   20

    Ungeplante Impulse   22

    Was war wichtig?   22

    Ergebnisse   22

    Zusammenfassung: Bildungsprozesse umsetzen   34

Bildungsprozesse beobachten – das Modul »Bildungsprozesse«   36

    Bildungsprozesse beobachten?   37

    Beobachtungen reflektieren   39

    Wahrnehmendes Beobachten im Projekt   40

    Reflexionsgespräche im Projekt   42

    Im Maisfeld – Beobachtung und Dokumentation   44

Inhalt

Ergebnisse	48
Zusammenfassung: Bildungsprozesse beobachten	49

Bildungsprozesse anregen – das Modul »Weltwissen« — 50

Kleine Kinder bilden sich ganzheitlich	51
Kleine Kinder sind Ästheten	51
Erkenntnisse aus der Kognitions- und Neuroforschung	52
Die Weimarer Sommerakademien	53
Beispiel Sommerakademie Mathematik	53

Bildungsprozesse von Anfang an denken — 56

Der kindliche Bildungsprozess	57
Bildung der Sinne	57
Bewegung ordnet die Welt	58
Tasten und Handeln	58
Bewegung des Körpers, Rhythmus	58
Die mimetische Ordnung der Welt	59
Denken in Vorstellungen	59
Sammeln und Vergleichen	60
Spielen und Gestalten	61
Die drei Ebenen konkreten Denkens	61
Vom konkreten Denken zum symbolischen Denken	61
Von der bildhaften zur sprachlich geordneten Logik	62
Der Anschluss an das kulturelle Gedächtnis	63
Andere Symbolsysteme	63
Bildung aus erster und aus zweiter Hand	63

Der Bildungsauftrag für die Jahre vor der Schule	66
Bildung ist mehr als Lernen	67

Wirklichkeit und Phantasie 67

    Die Absichten des Projekts 67

    Das Bildungsverständnis des Projekts 69

Frühkindliche Bildung oder wie man einen Elefanten schaukelt 70

Literatur 72

Einführung

Das Modellprojekt »Bildung im Elementarbereich – Wirklichkeit und Phantasie«, ein Projekt des Landes Thüringen, fand vom 1.10.2001 bis zum 31.12.2004 statt. Es schloss an das Modellprojekt »Schule der Phantasie« an, das im Weimarer KindergARTen Waldstadt durchgeführt wurde.

Das Projekt diente der umfassenden Untersuchung und Weiterentwicklung frühkindlicher Bildungsprozesse in Kindertageseinrichtungen. Inhaltlich sollte es der Frage nachgehen, wie Kinder sich ihre Welt erschließen und ihre Bildungsprozesse in den ersten Lebensjahren konstruieren. Der Untersuchung lag ein Bildungsverständnis zugrunde, das Kinder von Geburt an als aktive Subjekte begreift, die sich ihr Wissen über die Welt selbsttätig aneignen.

Ziel des Projektes war es, gemeinsam mit Modelleinrichtungen neue Wege für die zukunftsfähige Bildungsarbeit in Tageseinrichtungen für Kinder zu entwickeln.

Träger des Modellprojektes war zunächst der DRK Kreisverband Weimar e.V. Vom 1.1.2002 an übernahm das Jugendamt der Stadt Erfurt die Trägerschaft. Gefördert wurde das Projekt vom Thüringer Ministerium für Soziales, Familie und Gesundheit.

Die wissenschaftliche Leitung des Projektes hatte Gerd E. Schäfer, Professor für Erziehungswissenschaft an der Universität zu Köln. Zusammen mit den Mitgliedern des Fortbildungsteams übernahm er die Verantwortung für den inhaltlichen Projektverlauf, insbesondere für die theoretische Reflexion und die Weiterentwicklung des frühkindlichen Bildungsverständnisses. Zu diesem Zweck fanden regelmäßige Koordinationstreffen mit der Projektleitung und dem Fortbildungsteam statt.

Erika Burzel, Leiterin der Weimarer Schule der Phantasie, übernahm als Projektleiterin die Koordination der Arbeitsaufgaben in den beteiligten Modelleinrichtungen. Sie sorgte für den reibungslosen Ablauf der Fortbildungsveranstaltungen, war Anlaufpunkt für die am Projekt beteiligten Personen und Gruppen und führte regelmäßige Arbeitsbesprechungen mit den Projektverantwortlichen aus den Einrichtungen durch. Dabei wurde sie von der stellvertretenden Projektleiterin Antje Steudel unterstützt.

Durchgeführt wurde das Projekt von Angelika von der Beek, Holger Dehnert und Antje Steudel, dem Fortbildungsteam, das das Konzept mit der wissenschaftlichen Leitung und der Projektleitung entwarf, plante, koordinierte und mit den Modelleinrichtungen umsetzte. Jedes Mitglied des Fortbildungsteams war für ein inhaltliches Modul des Projekts verantwortlich, so dass die Kolleginnen in den Kitas drei verschiedene Aspekte des Konzepts – nämlich Theorie, Beobachtung und Umsetzung – von drei verschiedenen Fachleuten geboten bekamen, die sich auf ihr jeweiliges Thema spezialisiert hatten.

Eine Besonderheit des Projekts bestand darin, dass in den einzelnen Modelleinrichtungen Projektverantwortliche eingesetzt werden konnten. Sie repräsentierten das Modellprojekt in den Kitas, begleiteten die pädagogische Arbeit vor Ort, unterstützten die Leitungskräfte und Teams beim Gedankenaustausch über die tägliche Arbeit ebenso wie bei der Reflexion der Veränderungen, die sich im Modellprojekt entwickelten, übernahmen die zeitaufwändige Dokumentation der Veränderungsprozesse und wirkten dadurch als ständige interne Evaluationsinstanz.

Die Modelleinrichtungen

KindergARTen Waldstadt/Schule der Phantasie
Carl-Gärtig-Str. 25
99427 Weimar

Der KindergARTen Waldstadt ist von 6.00 bis 18.00 Uhr geöffnet. 150 Kinder im Alter von 0,3 bis 6 Jahren werden von 16 Fachkräften betreut, einschließlich der freigestellten Leitung. Die Einrichtung befindet sich seit Januar 2002 in Trägerschaft der Hufeland Trägergesellschaft Weimar mbH.

Einführung

Zuvor war der DRK Kreisverband Weimar e.V. Träger des Kindergartens. Die Schule der Phantasie ist seit 1991 mit der Einrichtung verbunden.

Kindertagesstätte Kinderland am Wendewehr
Wendewehrstr. 54
99974 Mühlhausen

Die Kindertagesstätte wurde am 3. September 1973 eröffnet. Der VEB Obertrikotagen »Mülana« hatte das Haus erbaut und betrieb es als Kinderkombination für Null- bis Sechsjährige. Die Einrichtung war in eine Kinderkrippe für 54 Kinder von null bis drei Jahren und einen Kindergarten für 90 Kinder von drei bis sechs Jahren gegliedert.

Nach der Wiedervereinigung Deutschlands löste der Betrieb seine Sozialeinrichtungen auf oder gab sie ab. Am 1. März 1991 wurde die Kinderkombination »Mülana II« von der Stadtverwaltung Mühlhausen als Kindertagesstätte »Am Wendewehr« übernommen. Am 1. Oktober 1994 wechselte der Träger erneut; das »Priorat für Kultur und Soziales« übernahm das Haus. Im August 2000 nahm das »Kinderland am Wendewehr« Kinder und Erzieherinnen aus der Kindertagesstätte »Märchenland« auf und verfügte nun über 130 Plätze.

Als die heilpädagogische Tagesgruppe Mitte 2003 auszog, erhielt die Kita zusätzliche Räume. Seit Januar 2004 werden 150 Kinder in zehn altersübergreifenden Gruppen (0,3 bis sechs Jahre) von 21 Erzieherinnen betreut. Die Leiterin ist freigestellt. Geöffnet ist die Kita von 6.00 bis 17.30 Uhr.

Kindergarten Weltentdecker
Hallesche Str. 19a
99085 Erfurt

Träger der Kindertagesstätte Weltentdecker ist die Stadt Erfurt. 1972 wurde das Haus als Kinderkombination erbaut und verfügte über sechs Gruppenräume, einen langen Flur und mehrere Abstellräume. In der Einrichtung werden derzeit 97 Kinder im Alter von zwei bis sechs Jahren von zwölf Erzieherinnen betreut. Die Leiterin ist freigestellt. Geöffnet ist die Tagesstätte von 6.00 bis 17.30 Uhr.

Evangelischer Kindergarten Niederdorla
Seebacher Weg
99986 Niederdorla

ca. 1980

2004

Einführung

Der Kindergarten Niederdorla besteht seit 1975. 1994 wurden die ersten Krippenkinder aufgenommen. 1995 übernahm die Evangelische Kirchengemeinde Niederdorla die Trägerschaft. Seitdem besuchen jährlich 53 Kinder im Alter von anderthalb bis sieben Jahren die Einrichtung. Sie werden von sechs Erzieherinnen betreut, einschließlich der nicht freigestellten Leiterin.

Der Kindergarten ist täglich von 6.30 Uhr bis 16.30 Uhr geöffnet.

Das Konzept des Projekts

Auf der Basis umfangreicher Grundlagenrecherchen zum Thema »Frühkindliche Bildung« und im Rückgriff auf das Modellprojekt »Schule der Phantasie« wurde das Projekt als modulares Fortbildungsangebot konzipiert. Im Rahmen von Fortbildungsveranstaltungen sollten sich die Mitarbeiterinnen der Projekteinrichtungen mit verschiedenen Aspekten frühkindlicher Bildungsprozesse auseinander setzen. Reflexion und Diskussion theoretischer und praktischer Impulse sollten dazu beitragen, dass die Bildungsarbeit in jeder Modelleinrichtung mittels individueller und entwicklungsoffener Strategien weiterentwickelt wird. Dies sollte es allen Einrichtungen ermöglichen, spezifisch abgestimmte und passgenaue Konzepte zur Unterstützung frühkindlicher Bildungsprozesse zu erarbeiten und umzusetzen.

Das Konzept des Projektes konzentrierte sich dabei nicht auf die Implementation vorab definierter Inhalte, sondern auf die konstruktive und dialogisch-entwickelnde Zusammenarbeit mit den Erzieherinnen. Dies entsprach dem pädagogischen Grundgedanken, dass der Erfolg des Modellprojekts davon abhängt, in welchem Maße sich bei den einzelnen Mitarbeiterinnen der Einrichtungen in der Auseinandersetzung mit thematischen Impulsen persönliche Bildungsprozesse entwickeln würden, denn eine konstruktive Weiterentwicklung pädagogischer Praxis ist auf die individuelle Reflexion der Erzieherinnen angewiesen.

Im Rahmen der einzelnen Module wurden – über den Projektzeitraum verteilt – regelmäßige Veranstaltungen angeboten. Dabei handelte es sich sowohl um einrichtungsspezifische als auch um gemeinsame Seminare.

KindergARTen Waldstadt, Weimar: Bauen mit großen Materialien

Im Einzelnen setzte sich das Konzept aus folgenden Fortbildungsveranstaltungen (Modulen) zusammen, die sich wechselseitig ergänzten:

Das Modul »Bildungsprozesse«

Im Zentrum dieses Moduls stand die beobachtende Wahrnehmung kindlicher Bildungsprozesse. Werden Kinder als eigenaktive Konstrukteure ihres Wissens betrachtet, wird die beobachtende Wahrnehmung zur zentralen Basis pädagogischen Handelns. Im Rahmen von Einrichtungsbesuchen wurden die Erzieherinnen mit einer Methode des beobachtenden Wahrnehmens vertraut gemacht, um anhand eigener Beobachtungen Zugang zu den spezifischen Weisen kindlicher Bildungsprozesse zu finden. Darüber hinaus wurde die Analyse von Beobachtungsszenen genutzt, um differenzierte Aspekte des eigenen Handelns und unterstützende oder hemmende Rahmenfaktoren für das kindliche Erschließen der Welt herauszuarbeiten.

Das Modul »Ästhetische Bildung«

Dieses Modul sollte die ästhetischen Anteile im Bildungsprozess aufgreifen. Hintergrund war die Annahme, dass auch Erwachsene vielfältige gestalterische Formen nutzen können, um einerseits die eigenen Wahrnehmungen zu sensibilisieren, eigene kreative Ausdrucksformen im konkreten Tun zu entdecken und um sich durch solches Handeln andererseits kindlichen Bildungswegen zu nähern. Im Wesentlichen realisierte sich dieses Modul über die Seminarreihe »Thüringer Begegnungen«.

■ Einführung

Kinderland am Wendewehr, Mühlhausen: Passagere Raumgestaltung mit einfachen Mitteln

Das Modul »Theorien und Konzepte«

Mit diesem Modul sollten zwei Zielvorgaben realisiert werden: Einerseits sollten weiterführende theoretische und konzeptionelle Impulse und Anregungen, die mit dem Bildungsverständnis verbunden sind, an die Erzieherinnen herangetragen werden. Andererseits sollten die Veranstaltungen dazu dienen, grundlegende Fragen und Zusammenhänge zu thematisieren und weiter zu bearbeiten. Vorgesehen war, sich sowohl an aktuellen Erkenntnissen und Ergebnissen der Bildungsforschung als auch an konkreten Bedürfnissen und Interessen der Teilnehmerinnen zu orientieren.

Das Modul »Institution und Organisation«

Pädagogisches Handeln, das frühkindliche Bildungsprozesse unterstützen soll, hängt in starkem Maße von den institutionellen und organisatorischen Rahmenbedingungen ab, innerhalb derer kindliches Tätigsein und Forschen stattfindet. Deshalb befasste sich das Modul mit den institutionellen Rahmenbedingungen, ihren Möglichkeiten, ihren Begrenzungen und ihrer Veränderbarkeit und bezog Institution, tägliche Praxis und pädagogische Konzepte aufeinander. Die kritisch-konstruktive Reflexion und praxisnahe Auseinandersetzung mit den Konzepten der Einrichtungen, mit der Gestaltung ihrer Räume und Zeitstrukturen, der Ausstattung mit Materialien sowie der Team- und Elternarbeit sollte angeregt werden, um Probleme und Perspektiven wahrzunehmen und gemeinsam subjektiv bedeutsame und pädagogisch tragfähige Lösungen zu entwickeln. Innerhalb kooperativer Arbeitsformen sollten die Sichtweisen und Vorstellungen der Erzieherinnen aufgehoben werden, um als Basis für Weiterentwicklungen dienen zu können.

Das Modul »Weltwissen«

Eine spezifische Möglichkeit der Auseinandersetzung mit Sachwissen wurde den Erzieherinnen im Kontext des Moduls »Weltwissen« angeboten. Hintergrund war die Annahme, dass Erzieherinnen nicht nur umfassende Kenntnisse über Kinder und ihre Bildungsprozesse, zunehmende Sensibilität für wahrnehmende Beobachtung individueller Bildungswege und grundlegende Akzeptanz für kindliche Eigentätigkeit und ihre Konstruktionen

Einführung

Kinderland am Wendewehr, Mühlhausen: Materialien zum Bauen und Konstruieren

benötigen. Notwendig sind auch vertiefte Kenntnisse über sachliche Themen, die für Kinder interessant sein können. Deshalb sollten die Erzieherinnen sich im Rahmen von Sommerakademien nachhaltig, tiefgreifend und kreativ mit der Natur und dem Wissen über sie auseinander setzen.

Zusammenfassung der wichtigsten Erkenntnisse aus dem Projekt »Bildung im Elementarbereich – Wirklichkeit und Phantasie«

Aufgrund des Projekts »Bildung im Elementarbereich – Wirklichkeit und Phantasie« lassen sich eine Reihe von Antworten auf die Frage formulieren, wie wir zu Erkenntnissen über die Art und Weise gelangen, Kinder bei ihrer Weltaneignung zu unterstützen, und wie dieses Wissen umgesetzt werden kann:

- Die Organisation von Fortbildungseinheiten in Modulen, die sich zum einen auf Themen wie »Beobachtung«, »Theorien und Konzepte« sowie »Organisation und Institution« beschränken, die zum anderen zeitlich miteinander verschränkt und inhaltlich aufeinander abgestimmt sind, hat drei Vorteile: Erstens erlaubt sie, dass sich die Fachleute auf Themenkomplexe konzentrieren. Zweitens ermöglicht sie, dass die Teilnehmerinnen mehrere Perspektiven kennen lernen. Drittens gestattet sie den Praktikerinnen ein hohes Maß an Individualität bei der Aneignung von Wissen, der Kombination und der Umsetzung von theoretischen und praxisbezogenen Impulsen.

- Die Aneignung wissenschaftlicher Erkenntnisse frühkindlicher Bildungsprozesse muss eingebettet sein in die Sensibilisierung der Wahrnehmung für den Eigenanteil der Kinder an diesen Prozessen. Die Erzieherinnen sollten unterstützt werden, die Kinder in ihrem alltäglichen Handeln intensiv wahrzunehmen, um sich deren Interessen, Wünschen, Vorlieben und Abneigungen nähern zu können. Solche wahrnehmenden Beobachtungen bilden den Ausgangspunkt des pädagogischen Handelns der Erzieherinnen.

Einführung

- Die Sensibilisierung der Wahrnehmung der Erzieherinnen sowie die Beobachtung und Dokumentation der Bildungsprozesse der Kinder führt zur Intensivierung der Zusammenarbeit mit den Eltern.

- Was Wissenschaft an Einsichten über die Entwicklung und das Lernen von Kindern zur Verfügung stellen kann, muss mit Vorschlägen zur Veränderung der pädagogischen Praxis verbunden werden, die sich an diesen Erkenntnissen orientieren. Die Wahrnehmung der Eigentätigkeit der Kinder bildet die Basis für die Gestaltung der Räume, innen wie außen, für die Auswahl der Materialien und für die Themen, die angesprochen werden. Da die Methode der wahrnehmenden Beobachtung bei den Erzieherinnen zur Zurückhaltung führt, wird deutlich, in welch hohem Maße die Kinder auf anregende Umgebungen angewiesen sind.

- Jede Veränderung der räumlichen Bedingungen oder Materialien sollte die Möglichkeiten ausschöpfen und schrittweise erweitern, die innerhalb der bestehenden Organisation vorhanden sind, um die Selbstbildungsprozesse der Kinder zu fördern. Die angebotenen Impulse sollten konzeptionelle Antworten auf vorhandene Probleme und Konflikte geben, also von Konzepten ausgehen, die sich ebenso auf die Widersprüche der Alltagspraxis in Kindertagesstätten beziehen wie auf den wissenschaftlichen Stand der Erkenntnisse zu frühkindlichen Bildungsprozessen.

- Die Sensibilisierung der Wahrnehmung von Erzieherinnen sowie eine konzeptionelle Weiterentwicklung, die die eigenen Gestaltungskräfte und Ausdrucksmöglichkeiten der Erzieherinnen in die Arbeit einbezieht, vertiefen das Verständnis für den Gestaltungsreichtum der Kinder. Das konnte in diesem Modellprojekt durch Fortbildungen zu verschiedenen Aspekten »Ästhetischer Bildung« – Natur, Sprache, Spiel, Musik, Tanz, Theater – im Rahmen der »Thüringer Begegnungen« angeboten werden.

- Das Modellprojekt machte deutlich, dass es gelingen kann, praxisrelevante Anregungen für Themen, hier im Bereich Natur und Naturwissenschaft, zu geben, die in den Bildungsbiographien von Erzieherinnen in der Regel einen untergeordneten Stellenwert einnehmen. Kompaktseminare, so genannte Sommerakademien, ermöglichen es, Fragen des Naturverständnisses von Kindergartenkindern sowie der Didaktik der Naturkunde im frühen Kindesalter zu thematisieren. Dabei können sich die Erzieherinnen selbst fragend mit Phänomenen der Natur beschäftigen. In der Sommerakademie lernten die Erzieherinnen Projektbeispiele aus der Reggio-Pädagogik kennen, die Aufschluss darüber gaben, wie man Kinder zu forschendem Lernen im Bereich der Natur herausfordern kann.

- Wenn Fortbildungsveranstaltungen nicht an einem neutralen Ort, sondern an den verschiedenen Projektstandorten stattfinden, nämlich in den beteiligten Kindertagesstätten, trägt dies zur Vernetzung der Einrichtungen bei und fördert den unmittelbaren Austausch. Darüber hinaus liefern Hospitationen in externen Kindertagesstätten Anregungen für die Umgestaltung der eigenen Arbeit.

- Die Umsetzung der Inhalte, die in Fortbildungsveranstaltungen erarbeitet werden, muss vor Ort begleitet werden. Der Einsatz von Projektmitarbeiterinnen, die von täglichen Betreuungs- und Leitungsaufgaben freigestellt sind, in den Kindertagesstätten erweist sich als eine entscheidende Voraussetzung dafür, Themen in der Praxis weiterzuentwickeln, Ideen aus den Fortbildungsveranstaltungen aufzugreifen und zeitnah umzusetzen.

- Der Einsatz von Projektmitarbeiterinnen in den Kindertageseinrichtungen ermöglicht es den Erzieherinnen, größtmöglichen Nutzen aus ihrer Teilnahme an Veranstaltungen mit solchen Themen wie »Beobachtung«, »Theorien und Konzepte« sowie »Institution und Organisation« zu ziehen und ihre Zusammenarbeit zu intensivieren.

- Die Klärung von Prozessen im Team, die Weiterentwicklung des Handwerkszeugs der Erzieherinnen, die damit verbundene Anerkennung der Eltern und das gestiegene Selbstbewusstsein des pädagogischen Personals wirkt sich positiv auf die Zusammenarbeit mit anderen Institutionen aus, zum Beispiel mit kooperationsinteressierten Schulen oder Ausbildungseinrichtungen.

- Es ist notwendig, zeitliche und finanzielle Ressourcen für die Projektleitung zur Verfügung zu stellen, die die Arbeit der Projektmitarbeiterinnen in den Einrichtungen und die Veranstaltungen des Fortbildungsteams nicht nur koordiniert, sondern inhaltlich und methodisch aufeinander abstimmt.

- Die Beteiligung der Träger der Kindertageseinrichtungen im Modellprojekt – sowohl durch einen Beirat als auch bei Veranstaltungen wie Fachtagungen und Fortbildungen – trägt entscheidend zur Akzeptanz bei der Umsetzung der erarbeiteten Inhalte bei.

- Veränderungsprozesse in den Einrichtungen sollten durch vielfältige Formen von Öffentlichkeitsarbeit nicht erst zum Abschluss, sondern schon während der Laufzeit des Projekts bekannt gemacht werden. Im Modellprojekt sorgten neben den Fortbildungsprogrammen der »Thüringer Begegnungen« eine Projektzeitschrift, Ausstellungen von Dokumentationen der Arbeit in den Modelleinrichtungen und Kontakte zur örtlichen Presse dafür, dass eine breite Öffentlichkeit informiert wurde.

- Die Weiterentwicklung der Konzepte von Kindertageseinrichtungen, Sensibilisierungsprozesse der Erzieherinnen, Veränderungen der Räume, Materialien und Tagesabläufe, die Zusammenarbeit im Team, mit den Eltern und anderen Institutionen sowie die Einbeziehung der Träger, all das erfordert einen zeitlichen Rahmen, der den Kindertageseinrichtungen individuelle Entwicklungen erlaubt, also mindestens drei Jahre.

Bildungsprozesse umsetzen – Das Modul »Institution und Organisation«

Bildungsprozesse umsetzen – das Modul »Institution und Organisation«

In diesem Fortbildungsbaustein ging es um die Frage, wie sich institutionelle und organisatorische Strukturen der Kindertagesstätten auf die Pädagogik auswirken, also um eine Auseinandersetzung mit den komplexen Zusammenhängen, die zwischen den Rahmenbedingungen der Institution, der Organisation in der Einrichtung, den sozialen Beziehungen aller Beteiligten und den pädagogischen Prozessen bestehen.

Ziele des Moduls

Im Dialog mit den Erzieherinnen sollte nach einer Organisation der Räume, der Materialien, der Tagesabläufe und Bildungsthemen gesucht werden, die den Kindern ein Maximum an Selbsttätigkeit ermöglicht und an dem anknüpft, was Kinder können.

Ausgangspunkt war die Tatsache, dass jede der Modelleinrichtungen ein Konzept, eine Raumgestaltung, einen Tagesablauf, Teamarbeit und eine – mehr oder weniger festgelegte – Anzahl von Kindern in verschiedenen Jahrgängen, also eine Organisation hatte und die Teams bereit waren, sich mit den Grundgedanken des Projekts auseinander zu setzen.

Deshalb wurden im Gespräch mit den Mitarbeiterinnen die Konzepte der Einrichtungen, ihre Raumgestaltung, die Tagesabläufe, die Teamarbeit und die Zusammensetzung der Kindergruppen auf die Möglichkeiten hin untersucht, die innerhalb der bestehenden Organisation vorhanden waren, um die Selbstbildungsprozesse von Kindern zu fördern. Dieses Gespräch mit den Mitarbeiterinnen über ihre institutionellen und organisatorischen Bedingungen wurde geführt, um ihre Sichtweisen zur Geltung zu bringen.

Fragen und Probleme

Es wurden Fragen, die die Mitarbeiterinnen im Hinblick auf die Umsetzung der zentralen Projektgedanken beschäftigten, und Probleme, die sich aus den von außen auferlegten organisatorischen Zwängen ihrer Einrichtung für eine an den Bildungsprozessen der Kinder orientierte Pädagogik ergaben, gesammelt.

Die Äußerungen der Mitarbeiterinnen ließen sich zwei thematischen Komplexen zuordnen:

1. Alltägliche Bedingungen für das Lernen der Kinder: Einrichtungsalltag
2. Längerfristige Betreuungsbedingungen der Kinder: Rahmenbedingungen

Fragen zum Einrichtungsalltag:

- Wie können Kinder kreativer lernen?
- Wie können sie selbständiger werden?
- Wie nutzen wir vorhandene Potenziale?
- Wie kommen wir zu zufriedenstellenden räumlichen Lösungen?
- Wie lösen wir den Konflikt zwischen Selbstbildung und Aufsichtspflicht?
- Wie lösen wir den Widerspruch, dass Räume und Materialien zwar auf die Interessen der Kinder abgestimmt werden, sich die Erzieherinnen aber auch wohl fühlen sollen?
- Welche Möglichkeiten gibt es, aus dem architektonisch-organisatorischen Schema der Einrichtung – eine Gruppe, eine Erzieherin, ein Raum – auszubrechen?

Antworten zum Einrichtungsalltag:

- Um die vorhandenen Potenziale auszuschöpfen, sollten alle Räume und Ecken, also auch Eingänge, Garderoben, Hallen und Sanitärräume, genutzt werden, um den Kindern mehr Möglichkeiten zu geben, sich selbst zu betätigen und kreativ zu werden. Zu diesem Zweck kann nicht nur die Fläche, sondern auch die Höhe der Räume genutzt werden.
- Bei der Nutzung von Ressourcen sollte das Außengelände mitbedacht werden.
- Wird man selbst aktiv, kann man Unterstützung mobilisieren: der Hausmeister, die Eltern der Kinder, Partner oder Freunde.
- Wenn Erzieherinnen sich mit (Bildungs-)Themen der Kinder wie »Bewegung«, »Gestalten« oder »Spiel« intensiver beschäftigen, wird deutlicher, welche Materialien und welche Gestaltung der Räume zu befriedigenden Ergebnissen führen, und es muss nicht ständig umgeräumt werden.
- Wird der Wunsch der Erzieherinnen ernst genommen, sich in den Räumen, die auf die Interessen und Bedürfnisse von Kindern abgestimmt sind, wohl zu fühlen, ist das eine gute Voraussetzung dafür, dass sowohl strukturelle als auch individuelle Lösungen gefunden werden, die dieses Ergebnis zeitigen.

- Konzeptionelle Antworten auf die angeführten Probleme und Konflikte lassen sich finden, denn es gibt pädagogische Konzepte, die von den Widersprüchen der Alltagspraxis in Kindertagesstätten ausgehen. Solche Konzepte sind »Offene Arbeit«[1], das Hamburger Raumgestaltungskonzept[2] oder die Reggio-Pädagogik[3].

Fragen zu den Rahmenbedingungen:

- Was machen wir mit der großen Altersmischung, die durch die Aufnahme von Kindern unter drei Jahren in Kindergartengruppen entstanden ist?

Dies war die zentrale Frage. Es folgte eine Auseinandersetzung mit den Argumenten, die für und gegen große Altersmischung sprachen.

Für die große Altersmischung sprach:

- Problemlose Erweiterung des Angebots an Plätzen für Kinder in Kindertagesstätten, die bisher Altersgrenzen hatten.
- Maximale Flexibilisierung der Aufnahmemöglichkeiten für Kinder jeden Alters in Gruppen, die bisher Altersgrenzen hatten.
- Wenn Kinder aller Entwicklungsstufen in einer Gruppe betreut werden, können sie sich gegenseitig anregen.
- Beziehungen sind weniger durch Konkurrenz, Wettbewerb und Leistungsvergleich geprägt.
- Jedes Kind kann sich in unterschiedlichen sozialen Rollen erproben. Die große Altersmischung wirkt sich positiv auf das soziale Verhalten der Kinder aus.

Gegen die große Altersmischung sprach:

- Sowohl die Erweiterung als auch die Flexibilisierung sind ausschließlich ökonomische Gesichtspunkte, die als nicht-pädagogische Gründe selten genannt werden. Demgegenüber wird die positive Wirkung auf das soziale Verhalten der Kinder betont.
- Das Argument, dass Kinder sich in einer Gruppe gegenseitig anregen, ist zu allgemein. Es muss genauer geprüft werden, welcher Art die Kontakte der Kinder in einer Gruppe mit großer Altersmischung sind: Ob sie sich nur aufgrund der Tatsache, dass sie Mitglieder einer Gruppe sind, begegnen, oder ob sie Beziehungen miteinander eingehen und sich tatsächlich beeinflussen. Da es sich nicht nur um ein theoretisches Konzept[4], sondern auch um eine organisatorische Lösung handelt, muss die Argumentation an ihren Implikationen für die pädagogische Praxis gemessen werden. Es stellt sich die Frage, ob und auf welche Weise den Besonderheiten der Phasen, in denen sich Kinder unterschiedlichsten Alters befinden, in einer Gruppe mit großer Altersmischung Rechnung getragen werden kann.

Auch von vehementen Befürwortern der großen Altersmischung wird die Berücksichtigung der Besonderheiten von Kindern unter drei Jahren oder von Schulkindern gefordert.[5] Als Besonderheiten bei Krippenkindern werden zum Beispiel angeführt: ihr größeres Ruhebedürfnis, ein individuellerer Zeitrhythmus und ihr entwicklungsbedingt anderes Sprachniveau.

Was bedeutet das?

Krippenkinder brauchen einen eigenen Schlafraum, andere Essenszeiten und Erzieherinnen, die sich auf ihr Sprachniveau einstellen und sich durch die sprachlichen Kompetenzen älterer Kinder nicht zu falschen Schlüssen verleiten lassen. Zur Befriedigung der altersspezifischen Bedürfnisse von Null- bis Dreijährigen sind so besondere Räume und Ausstattungen, so andere zeitliche Abläufe und für dieses Alter sensibilisierte Erzieherinnen nötig, dass es sinnvoller ist, diesen Kindern eigene Räume und Zeiten zu gewähren und es den Erzieherinnen zu gestatten, sich auf eine begrenzte Altersspanne zu konzentrieren.

Auch bei der traditionellen Altersspanne in der Krippe – Kinder zwischen null und drei Jahren – haben es die Erzieherinnen immer noch mit großen Entwicklungsunterschieden zu tun, wenn man bedenkt, wie stark sich ein Krabbelkind von einem Kind im zweiten Lebensjahr und dieses wiederum von einem knapp Dreijährigen unterscheidet.

In Diskussionen über die große Altersmischung, in denen die besondere Bedeutung des Kontakts

---

1 Regel/Wieland, 1993; Regel/Kühne, 2000; Regel/Kühne 2001
2 von der Beek/Buck/Rufenach, 2003
3 Sommer, 1999
4 Krappmann/Peukert, 1995
5 Klein/Vogt, 1995; Schäfer, 1996; Preissing, 2003

Bildungsprozesse umsetzen – das Modul »Institution und Organisation«

Evangelischer Kindergarten Niederdorla: Gruppenraum, der in ein Atelier umgewandelt wurde

zwischen jüngeren und älteren Kindern betont wird, gerät die Bedeutung der Beziehungen zwischen Gleichaltrigen leicht aus dem Blick. Es scheint nicht zufällig, dass oft von »Kontakten« die Rede ist. Darauf beziehen sich Renate Thiersch und Regine Maier-Aichen[6] in ihrer Untersuchung über die Beziehungsformen zwischen altersgleichen und altersungleichen Kindern. Sie unterscheiden zwischen Kontakten, Spielpartnerschaften und Freundschaften.

Kontakte ergeben sich unter vielen Kindern aller Altersstufen. Spielpartnerschaften sind kurzzeitig und wechseln häufiger. Bei Freundschaften haben die Kinder eine erkennbar enge Beziehung miteinander. Das trifft in aller Regel nur bei Kindern zu, deren Altersunterschied ungefähr ein halbes Jahr beträgt. »Insgesamt erscheint Homogenität als ein wichtiges Kriterium für die Beziehungen der Kinder, sowohl in Bezug auf Alter wie auf Geschlecht.«[7]

Renate Thiersch weist darauf hin, dass die Öffnung der Gruppen bei einer großen Altersmischung die notwendige Ergänzung darstellt. Es gälte beidem gerecht zu werden: Den unterschiedlichen Interessen und Bedürfnissen der altersungleichen Kinder und dem Bedürfnis der altersgleichen Kinder aneinander. Deshalb sollte die Gruppenzusammensetzung so beschaffen sein, dass die Altersgruppen etwa gleichmäßig verteilt sind und es nicht vereinzelte Kinder mit einem deutlichen Altersabstand zu anderen gibt. Diese Forderung ist organisatorisch schwer zu erfüllen und steht dem »Gewinn« der großen Altersmischung diametral entgegen: Es müssten ständig Kinder zurückgewiesen werden, weil sie altersmäßig nicht passen. Darüber hinaus macht es auch eine hohe Gruppenfrequenz – zum Beispiel 20 Kinder von zwei bis sechs Jahren – rein rechnerisch unmöglich, in jeder Altersgruppe mehr als vier Kinder zu haben. In einer Gruppe mit 18 Kindern von drei bis zwölf Jahren finden sich kaum einmal zwei Kinder gleichen Jahrgangs. Das wirkt sich erfahrungsgemäß in der Praxis um so problematischer aus, je älter die Kinder sind. Deshalb tritt in Gruppen mit großer Altersmischung die Tendenz zu gruppenübergreifendem

---

6 Thiersch/Maier-Aichen, 1991-95
7 Thiersch/Maier-Aichen, 1991-95, S. 33

■ Bildungsprozesse umsetzen – das Modul »Institution und Organisation«

Kindergarten Weltentdecker, Erfurt: Aus einem Flur wurde ein Kinderrestaurant

Arbeiten oder »Quergruppen«, wie es in Schweden heißt, verstärkt auf und erfordert hohen organisatorischen und planerischen Aufwand. Die Arbeit wird dadurch erheblich störanfälliger.

Deshalb ist es sinnvoller, die Logik der großen Altersmischung vom Kopf wieder auf die Füße zu stellen. Statt planen und organisieren zu müssen, was die Kinder brauchen, nämlich Beziehungen zu Altersgleichen, sollte eine altersähnliche Zusammensetzung den alltäglichen Rahmen bilden. Für den erforderlichen Umgang mit altersungleichen Kindern ergeben sich ohnehin täglich Gelegenheiten, zum Beispiel im Früh- und Spätdienst, auf dem Außengelände, aber auch bei besonderen Anlässen wie Festen und Feiern.

Die Umsetzung: Was geschah?

Geplant war, dass das Modellprojekt zur Weiterentwicklung des Konzepts in jeder einzelnen Einrichtung beitragen sollte. Eine zusätzliche Chance des Moduls bestand darin, die Vernetzung aller vier Modelleinrichtungen zu organisieren. Deshalb fanden die Fortbildungstreffen im Rahmen dieses Moduls reihum statt, so dass die Vertreterinnen dreier Einrichtungen stets in einer vierten hospitierten. Die gegenseitigen Besuche sollten den Erfahrungsaustausch ermöglichen und dazu dienen, voneinander zu lernen und einander zu unterstützen.

Aber: Zielformulierungen und Planungen sind das eine. Ihre Umsetzung steht auf einem anderen Blatt. Der Prozess der Vernetzung verlief nicht reibungslos. Dank der Frustrationstoleranz der Beteiligten und der Fähigkeit zur gegenseitigen Anerkennung wurde er dennoch zum Entwicklungsmotor.

Wie entwickelte sich die Organisation der Modell-Einrichtungen?

Zunächst erfolgte die Bestandsaufnahme der Rahmenbedingungen wie Gruppengröße, Alter der betreuten Kinder, Anzahl der Erzieherinnen pro Gruppe und die einer Gruppe zur Verfügung stehenden Räume, die Funktionsräume, sowie die Organisation der Besprechungen. Danach tauschten sich die Kolleginnen über aktuelle organisatorische und pädagogische Probleme aus.

Auf die Bestandsaufnahme folgte die Auseinandersetzung mit pädagogischen Konzepten, die Lösungsvorschläge für die angesprochenen Probleme enthalten und sich im Einklang mit neuen Erkenntnissen über kindliche Bildungsprozesse befinden. In diesem Zusammenhang war es von großer Bedeutung, dass sich die Mitarbeiterinnen

Bildungsprozesse umsetzen – das Modul »Institution und Organisation«

Durch den Besuch der anderen Projekteinrichtungen erhielten die Teams neue Anregungen für die Veränderung der Räume. Das Team der Kita »Weltentdecker« war besonders begeistert vom Theater des KindergARTen Waldstadt in Weimar und überlegte, wie es möglich sei, den Kindern in der eigenen Einrichtung ähnliche Erfahrungen – verkleiden, darstellen, in andere Rollen schlüpfen – zu bieten. Als geeigneter Ort erschien eine Ecke des Turnraums mit direktem Zugang zu einem separaten Verkleidungsraum. Die Begeisterung für das Theater steckte auch die Eltern an. Sie spendeten alte Kleider, Hüte, Schuhe und Schmuck. Die Nähe zur Werkstatt ermöglicht es den Kindern, selbst Kostüme und Kulissen anzufertigen. Vom Verkleidungsraum führt eine Tür in den hinteren Hof. Dort steht eine Naturbühne, die im Sommer für das Theaterspielen im Freien genutzt werden kann.

in anderen Fortbildungsveranstaltungen mit »Beobachtung« und der »Theorie frühkindlicher Bildungsprozesse« befassten. Die Beschäftigung mit den theoretischen Hintergründen, die beobachtende Wahrnehmung der Kinder und die gemeinsame Reflexion gaben einerseits Anstöße für die Suche nach etwas konzeptionell Neuem. Andererseits dienten sie bei der Beurteilung neuer Konzepte als Probe aufs Exempel.

Innovative pädagogische Konzepte wurden in der Regel anhand von Videobeispielen thematisiert, die verdeutlichten, dass das, was man in der Theorie trennen kann, in der Praxis verbunden ist.

Will man die Kreativität der Kinder fördern, muss man klassische Bastelangebote zurücknehmen. Diese Feststellung führte die Kolleginnen zu der Entscheidung, einen Extra-Raum, ein Atelier einzurichten. Das löste zwar das Problem der Nichtbeachtung des Gestaltungs-Potenzials von Kindern, aber es warf neue Fragen auf: Welche Kinder gehen ins Atelier? Welche Erzieherin geht mit und bleibt, um die Kinder beobachtend wahrzunehmen, mit ihnen etwas zu entwickeln oder zumindest für den reibungslosen Ablauf zu sorgen?

Ähnliche Schwierigkeiten ergaben sich, als es um die Bewegungsbedürfnisse der Kinder ging, um die Einrichtung eines Bewegungsraums und die Gestaltung eines naturnahen Außengeländes.

Die Anschauung innovativer pädagogischer Praxis während einer Exkursion der Projektmitarbeiterinnen zu Hamburger Kindertagesstätten erweiterte den Ideen-Fundus der Mitarbeiterinnen auf sehr konkrete Art und Weise und führte dazu, dass sie die für ihre Häuser brauchbaren Elemente zu dem für sie passenden Zeitpunkt und mit den ihnen zur Verfügung stehenden Mitteln umsetzen konnten.

Ungeplante Impulse

Nebenbei ergaben sich Zufälle, die von den Beteiligten beim Schopf ergriffen wurden und deren Auswirkungen eine ähnlich große Rolle für die Entwicklung der Organisation der Einrichtungen spielten wie die geplanten Fortbildungs-Sequenzen.

Zum Beispiel: Bei einem außerplanmäßigen Besuch der Einrichtung in Erfurt wurde ein Mitglied des Fortbildungsteams um eine Anregung zur Verbesserung der Garderobensituation im Flur gebeten. Die Fortbildnerin ließ den langen, relativ breiten, hellen und beheizbaren Flur, durch den man in einen lichtdurchfluteten Innenhof gelangt, auf sich wirken. Obwohl er, da er die einzelnen Trakte des Gebäudes verbindet, als Verkehrsweg genutzt werden muss, bietet er sich dazu an, einen »Raum im Raum« zu schaffen. Deshalb schlug die Fortbildnerin vor, den Flur in drei Bereiche zu teilen: einen kleinen Eingangsbereich, der als »Visitenkarte« der Einrichtung dient, einen Garderobenbereich, der erheblich weniger Platz einnehmen sollte als bisher, und einen Essbereich in dem Teil des Flurs, in dem man in den Innenhof blicken kann.

Der Vorschlag, einen Teil des Flurs für die Mahlzeiten zu nutzen, hatte einen konzeptionellen Hintergrund. Er beruhte auf der Erkenntnis, dass Gruppenräume, in denen mit allen Kindern gegessen wird, so voller Tische und Stühle stehen, dass Aktivitäten, bei denen diese Möbel unnötig sind, zu kurz kommen. Oder: Vieles findet an Tischen und auf Stühlen statt, obwohl andere Arrangements sinnvoller wären.

Der Vorschlag überzeugte die Mehrzahl der Mitarbeiterinnen in der Erfurter Einrichtung. Praktische und psychologische Hindernisse, ihn umzusetzen, wurden überwunden.

Was war wichtig?

In den Fortbildungseinheiten konnten sich die Teilnehmerinnen mit den Konzepten innerhalb eines relativ weiten zeitlichen Rahmens beschäftigen, der es ihnen vor allem ermöglichte, die Impulse angepasst an ihre Gegebenheiten umzusetzen. Nur weil sie genügend Zeit hatten, konnten sich die Einrichtungen individuell weiterentwickeln. Nur durch einen angemessenen zeitlichen Rahmen kann man erreichen, dass unterschiedliche Einrichtungen die Anregungen ihren sehr verschiedenen Bedingungen auch anpassen. Eng mit den zeitlichen Ressourcen verbindet sich die Rolle, die die Projektmitarbeiterinnen spielten, die in jeder Modelleinrichtung tätig waren. Ihr Beitrag zur Umsetzung der Projektideen kann nicht hoch genug veranschlagt werden. Von ihrem hohen persönlichen Engagement abgesehen, versetzte sie die Tatsache, dass sie nicht in die täglichen Betreuungs- und Leitungsaufgaben eingespannt waren, in die Lage, die Impulse, die in allen Modulen gegeben wurden, aufzugreifen und zeitnah umzusetzen, obwohl die Bedingungen nicht optimal waren. Die Entfernungen zwischen den verschiedenen Projektstandorten einerseits und dem Sitz der wissenschaftlichen Begleitung andererseits sowie die begrenzte Ausstattung mit Koordinationsstunden erschwerten es, alle Projektmitarbeiterinnen kontinuierlich in die Reflexionsprozesse einzubeziehen. Obwohl die Mitarbeiterinnen nur mittelbar, nämlich über die Projektleiterin Erika Burzel, mit der wissenschaftlichen Begleitung verbunden waren, sorgten sie in ihren Einrichtungen dafür, dass die theoretischen Impulse in die Praxis umgesetzt wurden.

Ergebnisse

Welche Merkmale bestimmten den Ablauf des Moduls »Institution und Organisation« und sollten bei der Planung eines solchen Moduls in einem anderen Forschungsprojekt berücksichtigt werden?
- Inhaltliche konzeptionelle Impulse
- Die Nutzung von Zufällen
- Der Einsatz von Projektmitarbeiterinnen in den Einrichtungen
- Die Vernetzung und damit die gegenseitige Anregung der Einrichtungen, vor allem durch Hospitation
- Die Hospitation in Kindertagesstätten, die nachvollziehbar vermitteln, wie Umgestaltungen aussehen und was sie bewirken können
- Die inhaltliche und – besonders wichtig – zeitliche Verbindung zwischen den Modulen. Die Fortbildungen zum Thema »Beobachtungen« wie auch zu »Theorien und Konzepte« erwiesen sich als die Stränge, die, verbunden mit den

Bildungsprozesse umsetzen – das Modul »Institution und Organisation«

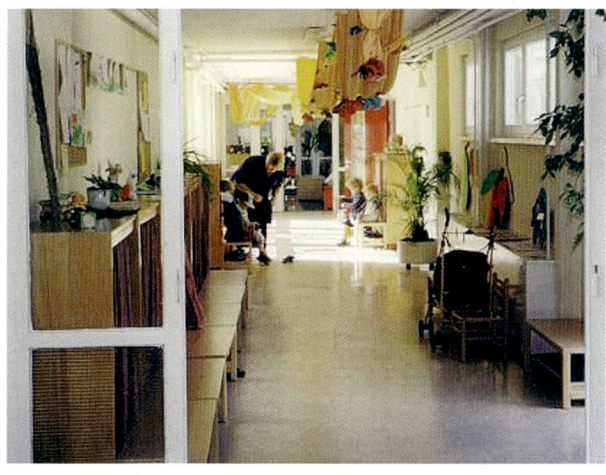 

Der Flur der Kita in Erfurt – vorher und nachher – durch eine Trennwand wurde ein Speiseraum geschaffen

Fortbildungsangeboten des Moduls »Institution und Organisation« – zu Veränderungen führten.
• Die Fähigkeit aller Beteiligten zu gegenseitiger Anerkennung

Die Inhalte konzentrierten sich auf einige wenige Bildungsbereiche: Bewegung, Gestalten und Spielen (Bauen und Rollenspiel). Für das Jahr 2003 hatte die wissenschaftliche Begleitung ein Jahresmotto entwickelt, das diese Bereiche umfasste. Aufgrund der engen zeitlichen Vorgaben für die Behandlung jedes Bildungsbereiches – nämlich nur jeweils zwei halbe Tage – war es nötig, sich auf das Wesentliche zu beschränken: auf die Vorstellung von Konzepten, bei denen die Raumgestaltung und die Materialauswahl die Selbsttätigkeit der Kinder anregen. Zu nennen sind hier die »Bewegungsbaustelle« von Klaus Miedzinski[8], das reggio-inspirierte »Atelier« des Hamburger Raumgestaltungskonzepts[9], der »TatOrt – BauRaum«[10] der Berliner Kindertagesstätte Hohenzollernstrasse und das Kindertheater der Weimarer »Schule der Phantasie«[11] im KindergARTen Waldstadt, vorgestellt mittels Videos, Dias, Fotos und, wie im Falle des Kindertheaters der »Schule der Phantasie«, bei einem Besuch.

Die Art und Weise der Gestaltung von Räumen und der Auswahl von Materialien wirkte sich auf die Definition der Rolle der Erzieherinnen in diesen Räumen aus. Die Frage, wie viel Spezialisierung wünschenswert und möglich ist, bildete den zweiten Schwerpunkt der Diskussion. Auch bei diesem Thema trafen die Mitarbeiterinnen der Modelleinrichtungen ihre Entscheidungen im Tun oder in der Reflexion ihres Handelns und setzten einen Prozess in Gang: eine Suchbewegung, eine Entwicklung mit Fortschritten, Rückschritten und Umwegen.

Die Arbeit im Modul »Institution und Organisation« führte in den vier Modelleinrichtungen zu Ergebnissen, die sowohl höchst individuell als auch von verblüffender Übereinstimmung sind.

Ohne die Veränderung der Räume und Materialien, also der »vorbereiteten Umgebung«, ließ sich die Pädagogik nicht verändern. Die vorhandenen Möglichkeiten zur Umgestaltung wurden genutzt.

Beispiel: Kindergarten Weltentdecker, Erfurt
Aus einem langen Flur, der als Garderobe und Verkehrsweg diente, wurden drei »Räume im Raum«: Ein kleiner, einladender Eingangsbereich, dem sich die Garderobe anschließt, die sehr viel weniger Platz einnimmt als vorher, und ein Raum, in dem die Kinder gemeinsam ihre Mahlzeiten einnehmen. Durch das Einsetzen einer Trennwand verlor sich der Flurcharakter, und es wurde ein »Speiseraum« geschaffen, der einen warmen mediterranen Farbton bekam. Farblich passende Vorhänge wurden genäht, die den Schall dämpfen. Die Wände können als Ausstellungsfläche genutzt werden. Durch die bodentiefen Fenster blicken Kinder und Erwachsene in den begrünten Innenhof, der zu einer »Naturwerkstatt« umgestaltet wurde.

---

8 Miedzinski, 1998; Kiphard, 1990
9 von der Beek/Buck/Rufenach, 2003; Sommer, 1999; Reggio Children, 2002
10 Fellechner, 1996
11 Burzel, 1996

Bildungsprozesse umsetzen – das Modul »Institution und Organisation«

Die ungemütliche Flurbeleuchtung wurde durch dimmbare Lampen ersetzt

Als zentraler Raum ein idealer Treffpunkt für Eltern und Kinder

Weil die Beleuchtung von elementarer Bedeutung für die Atmosphäre des Raums ist, ersetzte das Team die ungemütliche Flurbeleuchtung durch dimmbare Lampen über jedem Tisch. Durch die Umnutzung einer vorhandenen Fläche entstand nicht nur ein schöner Speiseraum, sondern die Kinder hatten plötzlich viel mehr Platz in den Gruppenräumen. Weil sie dort nicht mehr essen mussten, wurden die meisten Tische und Stühle entfernt. Dieser Platz konnte nun für andere Aktivitäten genutzt werden.

Der neue Speiseraum wird nicht nur während der Essenszeit genutzt. Weil er in der Mitte des Gebäudes liegt und die eine Seite mit der anderen verbindet, bildet er ganz von selbst einen Treffpunkt. »Piazza« nennen die Pädagogen in Reggio solch einen Raum, und er fehlt in keiner Kita, da man der Meinung ist, dass Kinder und Erwachsene einen Treffpunkt brauchen. In der Erfurter Kita steht außerhalb der Mahlzeiten Tee bereit, so dass die Kinder sich bei einer Tasse Tee treffen können.

Aber der Speiseraum ist nicht nur ein Raum für Kinder. Donnerstags treffen sich hier die Eltern, um miteinander ins Gespräch zu kommen. So wurde der Speiseraum eine Begegnungsstätte zwischen Eltern, Kindern und Erzieherinnen. Weitere Raumgestaltungsideen werden hier gemeinsam entwickelt.

Aus den Gruppenräumen wurde die Mehrzahl der Tische und Stühle entfernt. Dadurch entstanden neue Orte zur Einnahme von Mahlzeiten. Ausnahme: Die Weimarer Kita. Dort hatte man schon vor Projektbeginn ein Kinderrestaurant eingerichtet.

Beispiel: Evangelischer Kindergarten, Niederdorla

Um in den Räumen mehr Betätigungsmöglichkeiten für die Kinder zu schaffen, kamen die Erzieherinnen im Evangelischen Kindergarten Niederdorla, als sie einen Platz suchten, an dem gegessen werden könnte, auf die Idee, sich den Eingangsbereich genauer anzuschauen. Im Zuge ohnehin notwendiger Umbaumaßnahmen bot es sich an, den Seiteneingang zum Haupteingang zu machen und den Haupteingang zu schließen. Dadurch wurde ein Raum gewonnen, der in der Mitte der Einrichtung liegt und sich deshalb hervorragend als zentraler Essraum eignet. Die aus den Gruppenräumen entfernten Tische und Stühle bevölkern jetzt das Kinderrestaurant. Neue Beleuchtung sorgt für eine angenehme Raumatmosphäre.

Beispiel: Kinderland »Am Wendewehr«, Mühlhausen

»In unseren zwei Kinderrestaurants nehmen die Kinder ihre Mahlzeiten ein. Sie können sich selbstständig von Tellern, aus Schüsseln und Kannen bedienen und entscheiden allein über ihr Essverhalten. Dabei eignen sie sich ohne Zwang eine

Bildungsprozesse umsetzen – das Modul »Institution und Organisation«

In Niederdorla wurde der ehemalige Haupteingangsbereich in einen Speiseraum umgewandelt

Eins von zwei Kinderrestaurants im Flur in Mühlhausen

in Gemeinschaft entwickelte Tischkultur an und erleben die Mahlzeiten als sinnliches Vergnügen.

Mit der Einrichtung der Restaurants befreiten wir alle anderen Räume von Tischen und Stühlen und schafften dort Platz für Rollenspiel, Bauen, Bewegung, Kunst...« (aus: Abschlusspräsentation Kinderland am Wendewehr, Mühlhausen)

Die nebeneinander liegenden Gruppenräume wurden geöffnet, so dass ein Bereich mit zwei bis drei Räumen entstand, den Kinder und Erzieherinnen aus zwei – in Weimar und Niederdorla sind es sogar drei – Gruppen nutzen. Durch die Umwandlung von Gruppenräumen in »Funktionsräume« oder durch Schwerpunktsetzungen innerhalb der Gruppenräume eines Bereichs wurde eine Spezialisierung vorgenommen: Es gibt ein Mini-Atelier, in das auch die Kinder der anderen Gruppen gehen, wenn sie malen wollen, und einen Raum, in dem ein großer Baubereich vorhanden ist, den alle Kinder gemeinsam nutzen.

In der Kindertagesstätte »Kinderland am Wendewehr« in Mühlhausen wurden in den vorhandenen vier Gebäudetrakten jeweils zwei nebeneinander liegende Gruppenräume und die dazugehörige Garderobe in einen offenen Bereich mit drei Funktionsräumen umgewandelt. Aus den beiden Gruppenräumen wurde jeweils ein Rollenspielraum und ein Bauraum. Die Garderobe ist nun ein kleines Atelier.

Die vielen Zwecke, denen die Gruppenräume dienen mussten, wurden im Evangelischen Kindergarten Niederdorla auf zwei miteinander vereinbare und kombinierbare Funktionen reduziert.

■ Bildungsprozesse umsetzen – das Modul »Institution und Organisation«

Mühlhausen: Ein ehemaliger Gruppenraum, der jetzt Rollenspielraum ist

Mühlhausen: Aus einem ehemaligem Abstellraum wurde ein Miniatelier

In dem Kindergarten, der drei Gruppen beherbergt, wurde ein ehemaliger Gruppenraum zum Bauraum mit Experimentierecke.

Aus dem zweiten Gruppenraum wurde ein Atelier mit einer Rückzugsecke.

Mühlhausen: Ein ehemaliger Gruppenraum, der jetzt Bauraum ist

Niederdorla: In dem dreigruppigen Kindergarten wurde ein damaliger Gruppenraum zum Bauraum mit Experimentierecke

Niederdorla: Experimentierecke

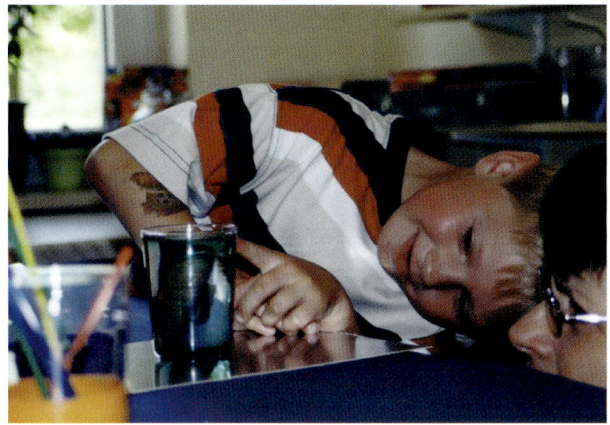

Niederdorla: Die Experimentierecke im Evangelischen Kindergarten

Niederdorla: Atelier

Niederdorla: Der »Raum im Raum« im Atelier lädt ein zu kreativen Pausen

Neben den umgewandelten Gruppenräumen wurden spezielle Funktionsräume eingerichtet oder vorhandene Räume, insbesondere die Turn- oder Mehrzweckräume, verändert: In allen vier Modelleinrichtungen gibt es jetzt Ateliers und Bewegungsräume, aber auch andere Extra-Räume wie einen Wasser-Spiel-Raum, einen Verkleidungsraum oder einen Traumraum. Dafür wurde vorhandener Platz, zum Beispiel in Duschen, Abstellräumen oder sonstigen Kammern, umgenutzt. Ausnahme: die Weimarer Kita, die schon vor Projektbeginn über eine ganze Reihe von Funktionsräumen – Atelier, Holzwerkstatt, Töpferraum, Nähstube und Theaterraum mit Fundus – verfügte.

■ Bildungsprozesse umsetzen – das Modul »Institution und Organisation«

Der Werkraum im KindergARTen Waldstadt

Der Töpferraum im KindergARTen Waldstadt

In der Erfurter Kita »Weltentdecker« wurde aus einem großen Mehrzweckraum, der wenig Bewegungsanreize bot, ein Raum, in dem die Kinder jetzt differenzierte Bewegungserfahrungen machen können: Ein Balken mit Seilen zum Schwingen und Hängesesseln zum Schaukeln wurde installiert. Geräte, die dazu anregen, sich eigene Bewegungsanlässe zu bauen, wurden angeschafft.

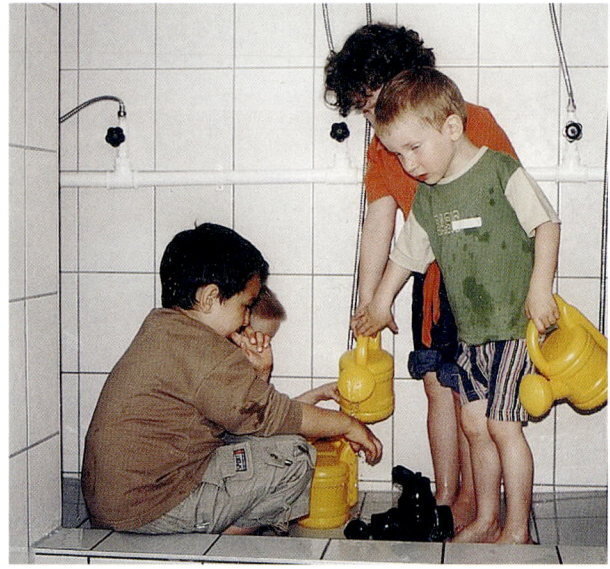

Wasserspielraum, Kita Erfurt

In der Erfurter Kita wurde ein ungenutzter Duschraum in einen Wasserspielraum verwandelt. Nach dem Umbau eroberten die Kinder den Raum und regelten die Benutzung selbstständig. Sie treffen Absprachen, entscheiden selbst, welche Dinge sie zum Experimentieren mit Wasser benötigen, und kleiden sich selbstständig an und aus.

Für das Erzieherinnen-Team war es eine ganz neue Erfahrung, dass die Kinder dazu so wenig Hilfe benötigten. Bunte Sichtfester in der Tür zum Wasserspielraum ermöglichen den Kindern spannende Ein- und Ausblicke.

Mühlhausen: Großraumatelier

Im großen Atelier der Kindertagesstätte »Kinderland am Wendewehr« in Mühlhausen finden die Kinder Materialien vor, die über das traditionelle Mal- und Bastelangebot hinausgehen. Querste-

Bildungsprozesse umsetzen – das Modul »Institution und Organisation«

Mühlhausen: Großraumatelier

hende Regale im Raum ermöglichen ungestörtes Arbeiten in Kleingruppen.

Im Atelier gibt es zwei Bereiche: Im Nassmalbereich können die Kinder an der Staffelei, auf einem Spiegel, am Tisch oder auf dem Fußboden mit Pinseln in verschiedensten Größen, Schwämmen oder Stöcken mit Farben experimentieren. Im Trockenmalbereich finden sie Schere, Papier, Kleber, Stoffe, Watte und viele andere Materialien vor.

Mühlhausen: In der Werkstatt der Kita

Weimar: Atelier

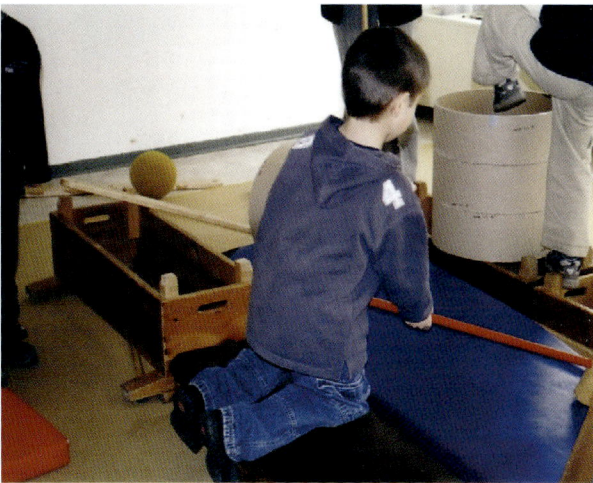

Neben dem Kinderatelier liegt die Werkstatt. Dort stehen den Kindern Werkzeuge wie Säge, Feile oder Hammer und ein großer Fundus von Materialien wie Muscheln, Korken, Stoffe und Federn zur Verfügung.

In allen Räumen wurden die Materialien verändert: Es wurde ausgemistet, improvisiert, selbst hergestellt, anders arrangiert und – zu einem geringen Teil – auch neu gekauft.

■ Bildungsprozesse umsetzen – das Modul »Institution und Organisation«

Niederdorla: Erster Sanitärraum nach Sanierung mit Waschbeckenkreis

Niederdorla: Zweiter Sanitärraum mit Waschrinne zum Experimentieren mit Wasser

Im »Kinderland am Wendewehr« wurden alle Sport- und Turngeräte des Hauses in einem großen Raum versammelt. Sie stehen den Kindern jetzt zum selbstständigen großflächigen Bauen und Konstruieren zur Verfügung. Der Raum ist eine Bewegungslandschaft geworden.

In der gleichen Kita wurden die Seitenteile von alten Betten zu Ständern für das Rollenspiel umfunktioniert.

Im Evangelischen Kindergarten in Niederdorla wurde das Ende eines langen Flures samt Fenster durch einen Schrank und einen Vorhang abgetrennt. Dieser kleine »Raum im Raum« wurde mit Spiegel und Verkleidungsutensilien ausgestattet und ist zu einem Rückzugsort geworden, in dem die Kinder sich verkleiden und dann auf den Flur hinaustreten können, um sich den anderen zu zeigen.

Die Sanitärräume werden nicht nur zur Körperpflege, sondern auch für Wasserspiele und zum Experimentieren benutzt.

Im Evangelischen Kindergarten Niederdorla wurden die Pläne für Umbau- und Sanierungsmaßnahmen des Sanitärbereichs im Hinblick auf ihre Vereinbarkeit mit den Zielen des Modellprojekts überarbeitet. Der Träger, die Zuständigen für die Baumaßnahmen und die Mitarbeiterinnen nahmen Anregungen aus dem »Hamburger Raumgestaltungskonzept« auf, das Vorschläge zur Umgestaltung von Sanitärräumen in Wasserspielräume für Kinder enthält. Zum Beispiel werden Waschrinnen statt Waschbecken empfohlen, um den Kindern sowohl die tägliche Körperpflege als auch das Experimentieren mit Wasser zu ermöglichen. An diesen Waschrinnen können die Kinder nicht nur ihre Hände waschen und ihre Zähne putzen, sondern sich, ohne dass es größerer Vor- und Nachbereitungen bedarf, mit physikalischen Aspekten des Wassers beschäftigen.

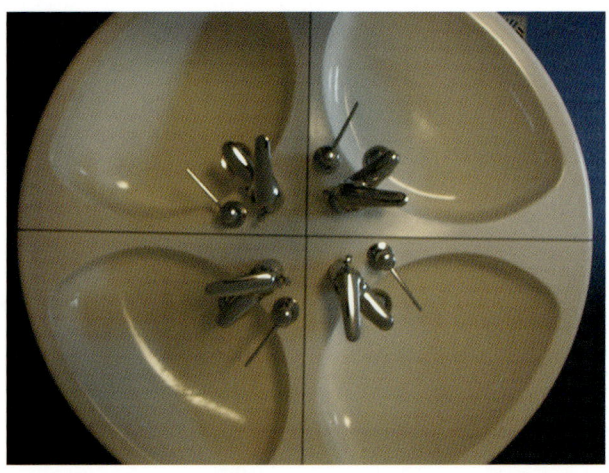

Niederdorla: Waschbeckenkreis

Um der Freude der Kinder am Umgang mit dem Element Wasser Rechnung zu tragen, wurde in einem zweiten Sanitärraum eine kreisförmige Anlage der Waschbecken installiert, so dass die Kinder bei der Körperpflege und beim Wasserspiel miteinander kommunizieren und kooperieren können.

Aus dem »Hamburger Raumgestaltungskonzept« wurde auch die Anregung übernommen, nicht nur den Kindern im Sanitärraum mehr Möglichkeiten zu bieten, selbst tätig zu werden, sondern auch den Erzieherinnen die anstrengende Arbeit des Wickelns durch eine ergonomische Wickeltischanlage zu erleichtern. Dazu gehört in erster Linie

Bildungsprozesse umsetzen – das Modul »Institution und Organisation«

eine Treppe, auf der die Kinder selbstständig auf den Wickeltisch gelangen, aber auch ein Waschbecken in unmittelbarer Nähe des Wickelplatzes, damit die Erzieherinnen die Kinder ohne Anstrengung säubern und wickeln können. Diese Arbeitserleichterungen sind die beste Voraussetzung dafür, dass die Erzieherinnen sich einfühlsam auf die intime Situation einlassen können, in der sie mit den Kindern beschäftigt sind. Beim Wickeln können sie sich den besten Eindruck von der körperlichen Verfassung der Kinder verschaffen, am unmittelbarsten mit ihnen kommunizieren.

In allen Kitas wurden die Außengelände verändert oder Pläne gemacht, um den Kindern mehr Freiräume zu eröffnen. Auf den Außengeländen können die Kinder jetzt stärker selbsttätig werden und haben mehr Gelegenheiten zum Umgang mit den Elementen, insbesondere dem Wasser. Darüber hinaus werden diese Gelände intensiver als naturnahe Räume wahrgenommen, in denen Kinder und Erzieherinnen als Forscher und Entdecker tätig werden.

In der Erfurter Kita »Weltendecker« war das Außengelände im Rahmen eines Urbanprojekts im Jahr 1999 komplett neu gestaltet worden. Eltern, Kinder und Erzieherinnen planten gemeinsam mit dem Büro »Stadt und Natur« einen naturnahen Spielplatz mit vielen Möglichkeiten zum Spielen, Toben, Verstecken und Entdecken. Die Erfahrungen im Modellprojekt veranlassten die Erzieherinnen, den Kindern mehr Freiheit zu lassen, die vorhandenen Möglichkeiten auch zu nutzen.

Durch Impulse aus dem Modellprojekt erkannten die Erzieherinnen, wie wichtig es ist, dass die Kinder Erfahrungen mit den Elementen Erde, Sand, Wasser und Feuer machen können. Auf dem Außengelände wurde deshalb eine Anlage mit Wasserpumpe und Außenduschen installiert. Das Wasser wird in einen Bachlauf geleitet, der durch eine Klappe auch den Sandplatz versorgen kann.

Ein weiteres Beispiel für die gewachsene Orientierung der Pädagoginnen an den Interessen und Bedürfnissen der Kinder ist deren selbstverständliche Beteiligung an der Umwandlung eines Innenhofs in der Erfurter Kita.

»Im Frühjahr 2004 wurde gemeinsam mit den Kindern geplant, wie man den vorher eher schmucklosen Holzhof so gestalten könnte, dass er Möglichkeiten zum Beobachten, Experimentieren, Bauen, Spielen, Bewegen, aber auch zum Zurückziehen bietet.

Selbstbewusst begannen wir mit dem Bau einer Teichanlage mit zwei großen Teichen, Bachlauf und Quellstein. Jeder, der Zeit erübrigen konnte, packte mit an. Die Hausmeister beobachteten die Bauarbeiten der Erzieherinnen anfangs mit einiger Skepsis, zählen aber inzwischen zu den glühendsten Bewunderern des neu geschaffenen Erlebnisraums.

■ Bildungsprozesse umsetzen – das Modul »Institution und Organisation«

Entstanden ist ein Biotop zum Anfassen. Gitter bieten Sicherheit, Frösche und Fische sind Kummer gewöhnt und inzwischen handzahm. Die Kinder sind begeisterte Entdecker und Erforscher. Denn zu entdecken gibt es immer etwas. Mit dem »Naturführer« ausgestattet, ergründeten sie, welche Pflanzen im Holzhof leben. Daraus entwickelte sich ein langfristiges Projekt über Kellerasseln. Sie übernehmen Verantwortung bei der Pflege der Teiche, bei der Fischfütterung und beobachten die Frösche in ihrem Lebensraum.« (Quelle: Abschlussdokumentation Erfurt)

Im »Kinderland am Wendewehr« in Mühlhausen gab es schon vor Projektbeginn ein vielseitig gestaltetes Freigelände. Im Laufe des Projekts wurden weitere Umgestaltungen vorgenommen. So entstand eine Holzschräge mit Seil, eine Brücke, ein Platz für Fußball mit Tor, eine zusätzlich Schaukel und eine Plattenfläche für Fahrzeuge und Kinderspiele wie Hüpfkästchen, Seilspringen, Murmeln und Kreiseln. Es gibt Weidentunnel und Hecken, in die Kinder sich zurückziehen können.

Bildungsprozesse umsetzen – das Modul »Institution und Organisation«

Die Zusammenarbeit mit den Eltern ist in allen vier Einrichtungen viel intensiver geworden. Die Eltern wurden nicht nur über die grundlegenden Projektideen informiert und in die Planung der Umgestaltungen einbezogen, sondern sie engagierten sich auch praktisch.

Im KindergARTen Waldstadt gehören Aufnahmegespräche, Entwicklungsgespräche und tägliche Tür- und Angelgespräche, um aktuelle Informationen auszutauschen, zur lang geübten Praxis guter Zusammenarbeit mit Eltern ebenso wie Elternabende und Elternbriefe. Im Eingangsbereich finden die Eltern umfangreiches Informationsmaterial zum Mitnehmen.

Der Infobaum macht auf pädagogische Inhalte aufmerksam. Auf der großen Informationstafel finden die Eltern wichtige Termine.

Der Medienraum im KindergARTen Waldstadt dient als Besprechungsraum für das Team sowie als Bibliothek und Mediothek für Kinder, Erzieherinnen und Eltern.

Im KindergARTen Waldstadt wurden die geplanten räumlichen Veränderungen mit den Eltern intensiv diskutiert. Was fehlte, um die Gruppenräume den Bedürfnissen der Kinder stärker anzupassen, waren

■ Bildungsprozesse umsetzen – das Modul »Institution und Organisation«

Rückzugsmöglichkeiten. Zur Verblüffung der Erzieherinnen meinte eine Mutter: »Wir bauen in die Höhe. Wir bauen eine zweite Ebene ein. Das machen wir Eltern.« Es wurde verabredet, dass bis zum nächsten Treffen eine Skizze angefertigt werde. Sie fand allgemeine Zustimmung und wurde an einem Wochenende von Müttern, Vätern und Erzieherinnen umgesetzt.

Die bestehende Werkstatt wurde für die Eltern geöffnet, die in der »Elternwerkstatt« sinnliche Erfahrungen mit unterschiedlichen Materialien sammeln können. Viele Mütter und Väter erleben dabei zum ersten Mal, was es bedeutet, selbstbestimmt und kreativ zu arbeiten. Ihre eigenen Erfahrungen erleichtern es ihnen, das Erzieherinnen-Team in seinem Anliegen zu unterstützen, den Kindern möglichst viel Freiraum für die Verwirklichung ihrer eigenen Ideen einzuräumen.

Weitere Ergebnisse
- Die große Altersmischung wurde zum Teil wieder rückgängig gemacht.
- Innerhalb der Bereiche und über die Bereiche hinaus intensivierte sich die Teamarbeit zwischen den Erzieherinnen: Sie kooperieren stärker miteinander, lernen voneinander, erkennen sich gegenseitig an und bestärken sich einander.
- Beobachtungen haben die Erzieherinnen für die vorhandenen Probleme sensibilisiert und ihnen Hinweise zur Lösung dieser Probleme gegeben.
- Die Dienstplangestaltung veränderte sich: Sie richtet sich mehr als vorher nach den Anwesenheitszeiten der Kinder, da die Notwendigkeit besteht, die Funktionsräume zu besetzen.
- Es werden neue Akzente bei der Ausgabe von Geldern gesetzt. Zum Beispiel gibt es keine Weihnachtsgeschenke mehr, sondern neue Materialien für die Kinder werden angeschafft.
- Die Kooperation mit anderen Institutionen hat sich verstärkt. Ein Beispiel: Eine Grundschule in Oberdorla, die ihre Pädagogik veränderte, setzt auf den nahtlosen Übergang von der offenen Arbeit im Kindergarten in Niederdorla zum offenen Unterricht.
- Zwei Einrichtungen haben ihren Namen verändert und sehen darin ein Symbol für die Veränderungsprozesse innerhalb des Teams: Aus der Kita »Märchenwelt« wurde die Kita »Weltentdecker«, und das »Zwergenland« wurde zum »KindergARTen Waldstadt«.

Zusammenfassung: Bildungsprozesse umsetzen

Im Modul »Institution und Organisation« konnten Antworten auf die Fragen gegeben werden, die sich durch die Methode der »freischwebenden«, reflektierten Beobachtung ergaben. Es wurde deutlich, dass die Kinder bei zunehmender Zurückhaltung der Erzieherinnen auf eine vielfältige, sinnesanregende, herausfordernde Umgebung angewiesen sind. Damit verband sich die Reflexion der Auswirkungen vorhandener institutioneller und organisatorischer Strukturen der Einrichtungen auf ihre pädagogische Praxis. Die Untersuchung der Potenziale, die innerhalb der bestehenden Organisation vorhanden waren, und die Auseinandersetzung mit den Konzepten der Reggio-Pädagogik, der Offenen Arbeit und des Hamburger Raumgestaltungskonzepts führte zur Weiterentwicklung und Veränderung der Konzepte der Einrichtungen, ihrer Raumgestaltung, der Tagesabläufe, der Teamarbeit und der Zusammensetzung der Kindergruppen.

Anders formuliert: In allen wichtigen »Subsystemen« der Organisation aller vier Modelleinrichtungen fanden Entwicklungen statt: Im Hinblick auf das Team, das Zeitmanagement, die Räume, die Materialauswahl, die Zusammenarbeit mit Eltern, Geldausgaben, Öffentlichkeitsarbeit und die Kooperation mit anderen Institutionen, ohne

Bildungsprozesse umsetzen – das Modul »Institution und Organisation«

In der Erfurter KITA »Weltentdecker« legten die Väter der Kinder den Grundstock für ein Baumhaus, an dem die Kinder danach täglich weiterarbeiteten

dass eine »Organisationsentwicklung« vorgenommen wurde. Stattdessen wurden genuin pädagogische Themen behandelt: kindliche Entwicklung und Selbstbildungsprozesse, beobachtende Wahrnehmung kindlichen Handelns sowie pädagogische Konzepte und ihre Umsetzung. Sie führten zu den Veränderungen im System, die Organisationsentwicklung anstrebt – mit dem entscheidenden Unterschied, dass die pädagogischen Inhalte nicht nachgeliefert werden mussten, sondern integraler Bestandteil und Motor des Veränderungsprozesses waren.

Bildungsprozesse beobachten –
Das Modul »Bildungsprozesse«

Bildungsprozesse beobachten – das Modul »Bildungsprozesse«

Kinderland am Wendewehr, Mühlhausen

Im Mittelpunkt des Moduls »Bildungsprozesse« standen die Erfahrungen der Kinder. Das alltägliche Tun der Kinder sollte in den Mittelpunkt der Aufmerksamkeit der Erwachsenen gerückt und der bewussten Reflexion zugänglich werden. Als Ausgangspunkt dienten folgende Fragen:
- Wie können Erwachsene sich den Wirklichkeiten der Kinder annähern?
- Wie können sie Bildungsprozesse der Kinder beobachten?

Bildungsprozesse beobachten?

Viele Beobachtungsverfahren, die heute auch in Kindertagesstätten eingesetzt werden, stammen aus psychologisch-diagnostischen Zusammenhängen. Die meisten dieser Verfahren unterteilen die komplexen Auseinandersetzungswege der Kinder in Kategorien, die dazu dienen, Wahrnehmungen zu ordnen und dadurch verständlicher zu machen. Aus Beobachtungsverfahren, die nach den motorischen Fähigkeiten eines Kindes suchen, nach sozialen oder verbalen Kompetenzen, werden Wege der Förderung abgeleitet, die sich auf diese Funktionen beziehen. Dabei werden die verschiedenen sinnlichen Wahrnehmungswege der erwachsenen Beobachter ebenso wenig berücksichtigt wie deren subjektive Perspektive, die jede Beobachtung bestimmt.

Ergebnisse der Neurowissenschaften legen ein anderes Verständnis von Beobachtung nahe: Das menschliche Gehirn ist komplex strukturiert. Auf der Basis vielfältiger Wahrnehmungen und Erinnerungen an bereits Wahrgenommenes erzeugt es Bilder von der Wirklichkeit. Beim Sehen beispielsweise werden Bilder von Lichteinfällen erzeugt, die im Auge ankommen.

Parallel zu den Wahrnehmungsprozessen, die das Sehen kennzeichnen, wird gehört, mit dem Körper gespürt, werden Gefühle erzeugt. Diese Gefühle bewerten die Wahrnehmungen und verleihen ihnen Bedeutung. Das heißt: Wahrnehmungen werden sinnhaft eingeordnet, indem auf Erinnerungen zurückgegriffen wird, die wiederum aus komplexen, individuellen Wahrnehmungen entstanden sind.

Jedes Beobachten ist also durch einen Beobachter bestimmt, der aus einer subjektiven Perspektive etwas wahrnimmt. Diese Perspektive lässt es zumindest problematisch erscheinen, davon zu sprechen, dass der Beobachter »erfasst«, was ein Kind tut. Beschreibt ein Beobachter ... die Wege eines Kindes aus seiner eigenen Perspektive, dann fragt sich, ob diese Perspektive dem, was das Kinder gerade tut, tatsächlich entspricht, oder ob der Beobachter dem Kind nicht vielmehr etwas unterstellt.

Das folgende Beispiel beobachtete eine der Fortbildnerinnen zu Beginn des Projektes in einer beteiligten Einrichtung und hielt es in einem Protokoll fest:

Ein Junge, noch keine drei Jahre alt, nähert sich einer Abgrenzung aus Holzstämmen. Er bewegt sich zaghaft auf die Balken zu, guckt immer wieder zu uns herüber, sagt etwas, aber wir können ihn nicht verstehen. Als die Erzieherin seiner gewahr wird, spricht sie ihn an und fragt: »Möchtest du balancieren?« Er scheint unschlüssig, schaut zunächst uns, danach die Balken an und spricht unverständliche Laute vor sich hin.

Die Erzieherin nimmt ihn an die Hand und hebt ihn auf die Balken. Da steht er nun, kann sich allein nicht halten, wird an einem Arm von der Erzieherin nach oben und gleichzeitig nach vorn gezogen. Die Töne, die er von sich gibt, werden lauter und schriller. Er versucht, die Füße auf dem schmalen Balken voreinander zu setzen, aber es gelingt ihm nicht. Seine Füße rutschen vom Balken ab. Hielte ihn die Erzieherin nicht, würde er fallen. In freundlichem, doch energischem Tonfall sagt sie: »Ja, schön balancieren – die Füße voreinander setzen.« Aber gerade das schafft er nicht. Nach einer Weile hebt die Erzieherin den Jungen herunter und verschafft ihm wieder festen Boden unter den Füßen. Sofort ist er ruhig und schaut kurz zu uns hoch. Die Erzieherin bemerkt, dass der Junge »etwas zurück« sei.

Eine Weile später nähert sich ein anderer Junge. Verschmitzt schaut er zu uns hoch, und die Erzieherin erklärt, dass das Tim sei. Er sei genauso alt, wie der Junge vorher, aber »schon viel weiter«. Prompt springt Tim auf die Balken und balanciert schnellen, gekonnten Schrittes eine Runde. An schwierigen Stellen, an denen die Höhe der Balken wechselt, macht er sogar kleine Sprünge. Dabei grinst er schelmisch und wirkt außerordentlich fröhlich.

KindergARTen Waldstadt, Weimar

Der kurze Ausschnitt aus dem Alltag einer Kindertagesstätte zeigt den Versuch, ein Kind in seinem Handeln zu erfassen und handelnd mit ihm umzugehen.

Der Umgang mit Kindern geschieht meist spontan. Aufgrund vorangegangener Wahrnehmungen oder Beobachtungen verfügt der Erwachsene bereits über ein Bild von einem Kind, und dieses Bild liefert die Grundlage für sein Handeln. Es fragt sich, ob und wie weit dieses bestehende Bild dem Kind und dem, was es tut, tatsächlich gerecht wird.

Auch die Erzieherin im geschilderten Beispiel hat ein bestimmtes Bild der beiden Kinder im Kopf. Der erste Junge ist »ein bisschen zurück«; so verhält er sich dann auch. Tim hingegen ist »schon etwas weiter«.

Über die Wirklichkeiten der Kinder, über ihre Denk- und Verstehensprozesse vermitteln diese Aussagen wenig. Es ist fraglich, ob sie der Erzieherin helfen, ein Handeln zu entwickeln, das den Bildungsprozessen der beiden Jungen gerecht wird.

Tim kann auf den Holzbalken balancieren und hat offensichtlich Freude daran. Der andere Junge kann oder mag das nicht. Vielleicht hat er andere Interessen. Vielleicht vermisst er seine Mutter und sucht daher Nähe. Vielleicht schaut er nur zufällig auf die Balken hinunter, vielleicht interessiert er sich für Baumstämme als Balancierbalken nicht. Vielleicht hatte er gerade einen Käfer entdeckt, den die Erwachsenen nicht bemerkt hatten. Viele solcher Annahmen bestimmen die Beobachtung eines Kindes, und jede Aussage, die gemacht wird, ist nur ein »Vielleicht«.

Bildungsprozesse beobachten – das Modul »Bildungsprozesse«

Evangelischer Kindergarten, Niederdorla

Nicht nur das menschliche Gehirn und die sich darin vollziehenden Prozesse der Wahrnehmungsverarbeitung sind in Aufbau und Funktionsweise äußerst komplex. Die Umgebung, die Welt, die sich dieser komplexen Wahrnehmungsverarbeitung anbietet, ist ebenso vielschichtig. Die äußere Welt, ein anderer Mensch, sein Handeln können auf verschiedene Weise wahrgenommen und mittels unterschiedlicher Bedeutungen in vielfältige Kontexte gerückt werden. Da immer aus einer individuellen, subjektiven Perspektive beobachtet wird, kann ein Kind nicht objektiv erfasst werden.

Doch suggerieren viele Beobachtungsverfahren, dass Objektivität möglich sei. Ein Kreuz auf einer Skala zu machen, das erscheint sachlich, ist schnell erledigt, gibt jedoch wenig Auskunft über Interessen, Vorlieben, Talente und Abneigungen eines Kindes. Gerade weil es so schnell geht, sagt es mehr über die spontanen Zuschreibungen der Erzieherin als über das Kind aus.

Durch die Isolierung einzelner Phänomene und Bedingungsfaktoren aus dem insgesamt Wahrgenommenen wird Komplexität zwar reduziert, gleichzeitig werden aber Lebenszusammenhänge zerstört. Die Unterteilung von Menschen in Funktionen bedeutet immer Einschränkung. Vielmehr muss das Zusammenwirken der Vielfalt von Funktionen, ihre komplexe wechselseitige Beeinflussung in den Blick genommen werden. »Man kann Kinder als Träger kognitiver, sozialer, moralischer oder emotionaler Funktionen betrachten, man kann diese Funktionen in immer feinere Aspekte unterteilen und zum Beispiel Vorformen des kausalen Verständnisses (...) bis in die ersten Lebensmonate oder -wochen zurückverfolgen. Aber weiß man damit, welche Bedeutung erste Wirklichkeitsrepräsentanzen oder Vorformen kausalen Denkens im Zusammenhang der Klärung der täglichen Erfahrungen des Kleinkinds haben?«[12]

Es gibt keine absolute Gewissheit darüber, wie es im Kopf eines Kindes aussieht. Auch wenn ein Kind genau beobachtet und sensibel wahrgenommen wird, wird nur eine Annäherung an sein Denken und Handeln möglich sein. Diese allerdings ist entscheidende Voraussetzung für jedes pädagogische Handeln. Nur wenn eine Ahnung besteht, worum es einem Kind geht, wie seine Wirklichkeit beschaffen ist, was es interessiert, beschäftigt, umtreibt, fasziniert, kann eine Umgebung gestaltet werden, die sich auf diese Interessen bezieht. Wenn Beobachten immer subjektiv und komplex ist – wie kann dann Annäherung aussehen? Wie können Kinder in ihren Bildungsprozessen wahrgenommen werden?

Beobachtungen reflektieren

Die Gefühle, die eine Erzieherin mit einer bestimmten Beobachtung verbindet, prägen die Einschätzung einer beobachteten Situation und damit auch die Schlüsse, die aus ihr gezogen werden. Da subjektive Anteile in die Beobachtung einfließen, ist es notwendig, Wahrgenommenes genau zu überdenken und zu überprüfen. Das gelingt am besten, indem man es mit den Wahrnehmungen anderer vergleicht. Dabei nähern sich die beteiligten Kolleginnen aus ihren verschiedenen Perspektiven der beobachteten Situation an. »Durch das Arbeiten mit verschiedenen, individuell unterschiedlichen Einschätzungen und Ansichten wird die subjektive Prägung einer einzelnen Beobachtung relativiert. Wenn sich die Wirklichkeit nicht als Wirklichkeit an sich erschließen lässt, gilt es, sich ihr aus verschiedenen Perspektiven anzunähern.«[13]

---

12 Schäfer, 2001, S. 186
13 Steudel, 2003, S. 222

■ Bildungsprozesse beobachten – das Modul »Bildungsprozesse«

Kinderland am Wendewehr, Mühlhausen

Für pädagogisch Handelnde ist es wichtig zu erkennen, dass die durch eine Situation ausgelösten Gefühle und Phantasien eine Bedeutung haben und die Einschätzung der Situation bestimmen. Wenn man schon nicht objektiv beobachten kann, dann muss man versuchen, sich spontane Zuschreibungen bewusst zu machen.

Die Strukturen im Gehirn, die für das Bewusstsein bestimmter Inhalte verantwortlich sind, hängen eng mit den Sprachzonen zusammen. Sie ermöglichen, dass Wahrgenommenes auf einer höheren Ebene bewusst und somit der Erinnerung, dem Nachdenken und Reflektieren zugänglich wird. Die Sprache befähigt den Menschen, über Beziehungen und Dinge nachzudenken, indem sie dafür Strukturen schafft.[14]

Erinnerungen und Bedeutungen von Erinnerungen werden darüber hinaus im Sprechen gebildet. Welzer zeigt, das Situationen und Ereignisse besonders erinnert werden, wenn in ihnen gesprochen wird oder wenn sie von einem Gespräch mit anderen Menschen begleitet werden. »Durch das gemeinsame Sprechen bekommt das Wahrgenommene eine strukturierte und kohärente Form – und diese Form scheint auch den Abruf der Erinnerung zu erleichtern.«[15]

Im Darüber-Sprechen, im Zur-Sprache-Bringen erhalten Ereignisse und Situationen eine Form. Wenn die durch die Kinder selbst angestoßenen Bildungsprozesse in den Blickpunkt, in das Interesse von Erzieherinnen rücken und stärker Bestandteil ihrer Erinnerung werden sollen, ist neben dem wahrnehmenden Beobachten das Reflektieren dieser Beobachtungen zentraler Bestandteil der pädagogischen Arbeit in der Kindertagesstätte.

Wahrnehmendes Beobachten im Projekt

In der ersten Einheit des Moduls »Bildungsprozesse« lernen die am Projekt beteiligten Erzieherinnen kennen, was die aktuelle Forschung über

---

14 Solms/Turnbull, 2004, S. 110ff.
15 Welzer, 2002, S. 98

Bildungsprozesse beobachten – das Modul »Bildungsprozesse«

Mühlhausen: Frei zugängliche »Musikinstrumente« animieren zum Ausprobieren

frühkindliche Bildungsprozesse sagen kann. Vor diesem Hintergrund wird die Bedeutung eines sensiblen Wahrnehmens der Kinder klar. Anschließend erhalten die Kolleginnen Einblick, wie beim Beobachten vorgegangen wird, verbunden mit dem Auftrag, es einfach zu probieren. Beobachtungen der Projektmitarbeiterin – zunächst ohne und später mit Videoaufnahmen – sollen einen ergänzenden Blickwinkel ins Spiel bringen.

Die Tätigkeiten der Kinder werden wahrgenommen und zunächst in Protokollen festgehalten. Dabei stehen den Erzieherinnen verschiedene Orientierungshilfen zum Beobachten und Notieren ihrer Wahrnehmungen zur Verfügung. Sie beobachten das alltägliche Handeln der Kinder in ihrer Gruppe mindestens 10 Minuten lang und zu einer beliebigen Tageszeit. Dabei achten sie auf ein einzelnes Kind oder mehrere interagierende Kinder. In der Beobachtungssituation selbst machen sie sich nach Möglichkeit keine Notizen, sondern wenden ihr eine »gleichschwebende« Aufmerksamkeit zu. Sie sehen genau hin, hören, fühlen, erleben mit, lassen sich subjektiv teilnehmend auf die Beobachtung ein, lassen sich emotional ansprechen. Sie bleiben aber ausschließlich Empfänger, nehmen das Beobachtete passiv und möglichst differenziert in sich auf. Dabei bemühen sie sich, nicht voreingenommen zu sein. Sie halten sich zurück, erbitten keine Veränderungen, greifen nicht ein, beurteilen nicht und geben keinen Rat, keine Hilfestellung. Diese Haltung hat selbstverständlich Grenzen: zum einen die persönlichen Grenzen, die nicht übersprungen, sondern allmählich erweitert werden sollten, zum anderen Gefahren für die körperliche Unversehrtheit der Kinder.

Im unmittelbaren Anschluss an die Beobachtung wird das Beobachtete aus dem Gedächtnis aufgeschrieben. Im Moment des Schreibens konzentrieren sich die Erzieherinnen und versuchen, sich an alle Sinnesregungen, die eigenen und die des Kindes, zu erinnern. Alles, was ihnen in den Sinn kommt, wird so detailliert, ausführlich und umfangreich wie möglich aufgeschrieben. Dabei müssen sie nicht neutral bleiben, sondern können lebendig erzählen, so als würden sie eine Geschichte schreiben.

■ Bildungsprozesse beobachten – das Modul »Bildungsprozesse«

Erfurt: Gabor am Sandtisch

Die Beschreibung von Wahrnehmungen lässt sich zunächst als Vergegenwärtigung bezeichnen.[16] Wahrgenommenes wird in ein Erinnerungsmuster gefügt und damit in bereits Bekanntes eingeordnet. Im Gegensatz zu bloßen »Wenn-dann-Beschreibungen« gestatten es Erzählungen oder Geschichten, größere Zusammenhänge mit ästhetischen Mitteln darzustellen. Damit möglichst differenziert erinnert werden kann, kommt es darauf an, so »breit und umfangreich« wie möglich zu beschreiben. Dies ist auch notwendig, da nicht von vornherein feststeht, was an der jeweiligen Beobachtung bedeutsam ist. »Deshalb muss nicht nur das beschrieben werden, was im Zentrum der Aufmerksamkeit steht, sondern auch alles, was mit sämtlichen Möglichkeiten der individuellen Wahrnehmung erfasst werden kann.«[17]

Beschreibungen sind eine Möglichkeit die beobachtete Szene in Worten zu vergegenwärtigen. Sie dienen der Vertiefung und Präzisierung der Wahrnehmung. Aber Sprache reduziert die komplexe, vielsinnliche Wahrnehmung und stellt sie in einen neuen inneren Zusammenhang. Aus diesem Grund bietet sich der Erzählstil bei der sprachlichen oder schriftlichen Beschreibung an, der im Gegensatz zu einer um Sachlichkeit und Nüchternheit bemühten Darstellung auch sinnliche Momente vermitteln kann. Dennoch muss kenntlich gemacht werden, wenn interpretiert oder gedeutet wird. Auch die Beobachterposition und der jeweilige Blickwinkel müssen nachvollziehbar sein. Dies schafft Klarheit darüber, wo sich die Grenze zwischen Beschreibung und Interpretation befindet.

Jeder Erzieherin wurde das Führen eines »Beobachtungsbuches« empfohlen, das die Beobachtungen mit Datum und Uhrzeit enthält. Was den Kolleginnen zwischen den Beobachtungen in den Sinn kommt – eine Frage, Idee oder Anmerkung –, kann in diesem Buch, jeweils mit Datum versehen, ebenfalls angeführt werden.

Reflexionsgespräche im Projekt

Um Handlungen und Gedanken der Kinder zu verstehen, wurde das Beobachtete gemeinsam besprochen und reflektiert.* »Mit unseren Gedanken gehen wir denen der Kinder nach, um zu sehen warum sie so gedacht und gehandelt haben.«[18]

Zur Strukturierung wurde das Reflexionsgespräch in verschiedene Schritte unterteilt:

Erster Schritt: Eine Geschichte erzählen

Im ersten Schritt erzählte eine Erzieherin eine Beobachtung. Mit ihren Worten und aus der Erinnerung heraus schilderte sie spontan, detailreich und ohne ihre Notizen zu benutzen, was sie beobachtet hatte. Verbale Äußerungen der Kinder wurden möglichst wörtlich, non-verbales Verhalten wie Gang, Gestik, Mimik oder die Sitzposition möglichst detailliert wiedergegeben. Erklärungen wurden vermieden, eigene emotionale Reaktionen und eigenes Verhalten jedoch einbezogen. Bei den Zuhörerinnen sollte ein anschauliches Bild der Situation entstehen. Sie sollten die Beobachtung so genau wie möglich erfassen können. Zu diesem Zweck stellten sie im Anschluss an die Schilderung Rückfragen.

Zweiter Schritt: Nachdenken, um genauer wahrzunehmen

Im zweiten Schritt ging es um die persönlichen Einstellungen der Erzieherinnen zu der jeweiligen

---

16 Schäfer, 1999, S. 113-132
17 Schäfer, 1999, S. 120
18 Stenger, 2002, Siehe beobachtende Wahrnehmnung in der Reggiopädagogik: reggio Cildren/Projekt Zero: Making Lerning Visible, 2001
19 Oder die Projektmitarbeiterin, wenn es sich um eine ihrer Beobachtungen handelte. Dies war vorwiegend zu Beginn des Projektes der Fall.
* Ausgangspunkt dabei war ein Zitat aus Reggio Emilia.

Beobachtung. Ziel war dabei unter anderem, »die durch das Gespräch geweckten Gefühle wahrzunehmen, sie überhaupt zulassen zu können«.[20] Außerdem ging es darum, dass Gefühle und Phantasien, die durch das Kind in der Erzieherin ausgelöst wurden, eine Bedeutung hatten und ihre Einschätzung der Situation bestimmten.

Um das persönliche Nachdenken zu erleichtern, wurden folgende Fragen gestellt:
- Was macht diese Situation mit mir?
- Welche Reaktionen werden bei mir wachgerufen? Körperlich und emotional: Freude, Ärger, Langeweile...
- Was berührt mich, was löst etwas aus? Bilder, Erinnerungen, Gedanken, Ideen...
- Worauf springe ich an?[21]

Erfurt: Kindergarten Weltentdecker

Zum Nachdenken gehört es, den Blickwinkel zu wechseln. Zwei Fragen sollten den Erzieherinnen helfen, sich in die Perspektive des Kindes zu versetzen:
- Wenn ich das Kind wäre, welche Bedeutung hätte die Situation für mich?
- Wie fühlt sich das Kind aus meiner Sicht?[22]

Nachdem die Erzieherinnen die Fragen zunächst für sich bearbeitet hatten, fand ein Gespräch über die verschiedenen Perspektiven statt. Spontane Assoziationen und Gefühle zur jeweiligen Beobachtung wurden ausgetauscht. Manchmal unterschieden sich die Zuschreibungen, die in einem Team mit einer bestimmten Beobachtung verbunden wurden; manchmal waren sich die Kolleginnen in der Bewertung einer Situation schnell einig.

»Immer wieder ist man der Versuchung ausgesetzt, eigene Phantasien und Theorien zu entwickeln, statt genau hinzugucken.«[23]

Dritter Schritt: Bilder vom Kind entstehen lassen

Während es bisher um die persönlichen Anteile der Kolleginnen ging, versuchten die Erzieherinnen im dritten Schritt, sich der Perspektive der Kinder ausführlich und differenziert anzunähern.[24] Auch hier bildeten Fragen einen Leitfaden.

Die erste Frage bezog sich auf die sinnlichen Wahrnehmungen des beobachteten Kindes in ihrer situativen Vielfalt. Bevor ein Kind eine Vorstellung, ein Bild von der Welt, die es umgibt, gewinnen kann, muss es sie wahrnehmen.

Zur sinnlichen Wahrnehmung gehört nicht allein die Wahrnehmung über die Fernsinne. In Anlehnung an Damasio ging das Fortbildungsteam davon aus, »dass der Körper unmittelbar in die Kette jener Vorgänge einbezogen ist, die die höchsten Ausformungen des Denkens, der Entscheidungsfindung und im weiteren Sinne des Sozialverhaltens und der Kreativität hervorbringen«.[25] Verbunden mit der Wahrnehmung über den Körper sind es Gefühle, die durch körperliche Regungen erzeugt werden.[26]

Obwohl gerade die Gleichzeitigkeit aller Wahrnehmungserfahrungen die menschliche Wahrnehmung kennzeichnet, wurden sie zunächst getrennt ins Bewusstsein gehoben. Dazu dienten folgende Fragen:
- Was nehmen die Kinder in der Situation wahr?
- Was hören, sehen, riechen die Kinder? – Wahrnehmung über die Fernsinne

---

20 Loch, 1984. In: Nedelmann/Ferstl, 1989, S. 220
21 Laewen/Andres, 2002, S. 187
22 Laewen/Andres, 2002, S. 187
23 Ermann, 1996, S. 283
24 Schäfer differenziert verschiedene Stadien im frühen Bildungsprozess eines Kindes. Er versteht diese Stadien dabei nicht als klar voneinander abgrenzbar, sondern entwickelt sein Modell vielmehr als »ein idealtypisches Konstrukt, welches demjenigen, der sich mit kleinen Kindern beschäftigt, eine Orientierung geben kann«. Die von ihm differenzierten Phasen bildeten den Leitfaden, mit dessen Hilfe Fragen entwickelt wurden, die es den Erzieherinnen ermöglichen sollten, sich den bildenden Bewegungen des Kindes in der beschriebenen Situation anzunähern.
25 Damasio, 2000, S. 14
26 Vgl. dazu ebenfalls Damasio, 2000

■ Bildungsprozesse beobachten – das Modul »Bildungsprozesse«

- Was spüren die Kinder? – Wahrnehmung über den Körper
- Welche Gefühle haben die Kinder? – Wahrnehmung über die Gefühle

Dann ging es um die Einbettung der Wahrnehmungen in ihren Alltagszusammenhang. Er bestimmt, wie wahrgenommen wird und welche Bedeutung der Zusammenhang hat. Zwei Fragen dienten dazu, diesen Zusammenhang zu erfassen:
- In welcher Situation nehmen die Kinder all dies wahr?
- Wie könnte man die Situation beschreiben?

Alle Beziehungen zur alltäglichen Wirklichkeit sind von Anfang an in soziale Beziehungen eingebettet. Ein Baby gewinnt zunächst im Austausch mit der Mutter einen Eindruck von sich selbst aus der Perspektive eines Anderen. Damit kein Bruch zwischen Selbst- und Fremdwahrnehmung entsteht, bedarf es eines ausreichend empathischen Verhaltens der sozialen Umwelt. Später wird die Person der Mutter durch weitere Personen ergänzt, indem individuelles Erleben und soziale Interpretation aufeinander abgestimmt werden.

Daher bezogen sich die nächsten Fragen auf die soziale Abstimmung der Wahrnehmungen, die Ausgangspunkt für Bedeutungszuschreibung ist:
- Wie erfolgt die Verständigung der Kinder mit Erwachsenen?
- Wie verständigen sich die Kinder mit anderen Kindern?
- Wie werden die Wahrnehmungen untereinander abgestimmt?

Auf der Basis von Wahrnehmungen in sozialen Kontexten entstehen Vorstellungen. Die vom Kind erworbenen Muster des Selbst- und Welterlebens werden in Bildern und Szenen im Kopf festgehalten. Mit diesen Bildern denken Kinder und erfassen Zusammenhänge. Deshalb schlossen sich Fragen nach den inneren Bildern an, die sich Kinder von Ereignissen machen:
- Welche Bilder entstehen im Kopf des Kindes?
- Welche Vorstellungen des Kindes werden deutlich?
- Was konstruiert das Kind?

Ende der Reflexionsgespräche: Schlüsse ziehen

Obwohl die Erfassung eines Kindes in all seinen Facetten nicht möglich ist, wurden am Ende der Reflexionsgespräche folgende Fragen gestellt:
- Welche Schlüsse lassen sich aus der Reflexion für das pädagogische Handeln hinsichtlich des räumlichen oder des materiellen Angebots und hinsichtlich des Verhaltens der Erzieherin ziehen?
- Welche Fragen ergeben sich für mich als Erzieherin oder uns als Team aus der Beobachtung?
- Worauf wollen wir in der nächsten Beobachtung besonders achten?[27]

Dabei bezog sich die Diskussion auf die konkreten Beobachtungen und entwickelte sich nicht zu einem allgemeinen Situations- oder Praxisgespräch. Die wichtigsten Aspekte der Reflexionsgespräche wurden von einer Erzieherin in einem Protokoll festgehalten.

Die Gespräche waren mit intensiven Reflexionen des eigenen Verhaltens verbunden. Dies stellte für alle Beteiligten eine große Herausforderung dar.

Im Maisfeld – Beobachtung und Dokumentation

Wie können Erzieherinnen mit dem Interesse der Kinder umgehen, Dingen wirklich auf den Grund zu gehen? In allen beteiligten Einrichtungen suchten die Kolleginnen nach Antworten auf diese Frage. So entstanden Projekte, in denen die Reaktionen der Kinder und ihre Wege der Auseinandersetzung mit einem bestimmten Thema über einen längeren Zeitraum hinweg beobachtet und dokumentiert wurden.

Im evangelischen Kindergarten Niederdorla wurde das Projekt »Mais« geboren. Es begann mit der Idee, »mal in ein Maisfeld zu gehen«. Mit Videokamera und Fotoapparat ausgerüstet, liefen die Kinder über die Wege zwischen den hohen Maisstauden. Sie hörten das Rascheln der Pflanzen und staunten über ihre Größe, befühlten Blätter und Stängel und wunderten sich, wie dick die Stängel sind. Einzelne Kinder pflückten den Mais, rochen an ihm, schälten und probierten ihn. Sie entdeckten »die Haare vom Mais« und schmückten sich mit ihnen.

---

27 Laewen/Andres, 2002, S. 189

Bildungsprozesse beobachten – das Modul »Bildungsprozesse«

Einige Tage später beschlossen die Erzieherinnen, einigen Kindern Dias vom ersten Maisfeldbesuch zu zeigen. An eine freie Wand im Atelier wurden die Dias geworfen. Die Kinder hockten unterhalb der Bilder und entdeckten ihre Schatten, die sich quasi über die Bilder an der Wand legten. Auf den Fotos an der Wand erkannten sie sich. Aufgeregt holten sie die anderen Kinder und erzählten denen, die nicht dabei waren, von ihrem Spaziergang im Maisfeld.

Wieder im Kindergarten, zeichneten die Kinder ihre Eindrücke und erzählten, was sie gemalt hatten. Dabei fiel auf, dass »die Haare vom Mais« auf vielen Bildern auftauchten und auch in den Erzählungen hervorgehoben wurden.

Jonas bewegte den dünnen Vorhang, der im Raum hängt, vor dem Dia-Projektor. Plötzlich entdeckte er das Bild auf dem Stoff des Vorhangs. Immer weiter zog er den Vorhang »vor« das Bild. Auch die anderen Kinder entdeckten das Bild »von

■ Bildungsprozesse beobachten – das Modul »Bildungsprozesse«

hinten« nun. Begeistert stellten sie sich dazu und standen da wie im echten Maisfeld.

Immer neue Kinder kamen hinzu und sahen die Bilder. Alle waren fasziniert vom Schatten. Auch das Interesse für den Diaprojektor wurde geweckt: »Wo kommt das Bild her?« »Wie geht das Bild rein und raus?« »Wenn ich dicht davor stehe, sehe ich bunt aus!«

Ein zweiter Gang zum Maisfeld wurde beschlossen, und ein Bollerwagen musste mit, um möglichst viel Mais für den Kindergarten zu sammeln. Im Maisfeld pflückten sich viele Kinder einen

Bildungsprozesse beobachten – das Modul »Bildungsprozesse«

Maiskolben. Sie schälten ihn und untersuchten dabei, »wo die Haare eigentlich dran sitzen«. Sie fragten: »Warum sind die Haare oben braun und unten in der Schale grün?« »Wozu sind die Haare am Mais?«

Eik hielt ein Büschel »Haare« auf seiner ausgestreckten Handfläche und rief: »Guck mal, wie ein Ball oder ein Vogelnest! Oben braun und unten weiß.«

Rote Haare guckten oben aus dem Maiskolben. Jenny stellte fest: »Das sind keine Haare, das ist rotes Kraut.« Jakob fügte hinzu: »Das ist aber kein Rotkraut.« Er betrachtete Maiskolben und Haare genauer und befühlte beides mit seinen Fingern. »Wenn die Haare frisch sind, sind sie rot. Wenn sie alt werden, dann sehen sie so aus«, sagte er und folgerte: »Maiskolben entstehen aus Haaren.«

Luisa verglich verschiedene Maiskolben miteinander und sagte: »Das sieht aus wie eine Mutti mit ihrem Kind. Das ist der Papa, der ist größer. Und das könnte der Opa sein.« Sie hatte eine Idee: »Wir können Maistheater spielen.«

Verschiedene Kinder lösten einzelne Maiskörner vom Kolben. Alina zerdrückte frische Körner und verwischte die Saftspritzer. »Wenn der Saft trocknet, fühlt er sich an wie Mehl«, fand sie.

Johanna stellte auf dem Rückweg fest: »Ich hab ganz viele Maise abgemacht.«

All diese Aussagen sammelten die Erzieherinnen. Außerdem hatten sie unterwegs fotografiert.

Reflexionen der Erzieherinnen:
Was war geschehen?

Zunächst nahmen die Kinder ihre Umgebung – das Maisfeld als Ganzes – intensiv wahr. Sie versuchten, es zu erfassen, indem sie hindurchliefen, über die Wege rannten, die das Feld begrenzen, Stängel und Blätter genau erfühlten und die Maispflanze in Bezug zum eigenen Körper setzten. Dabei nutzen sie alle Sinne. Sie rochen am Maiskolben, probierten einzelne Maiskörner und befühlten die »Haare«, die sie besonders faszinierten. Das wurde den Erzieherinnen deutlich, als die Kinder ihre Eindrücke zeichnerisch festhielten.

Die zeichnerische Darstellung war neben der gesprochenen Sprache die zentrale Ausdrucksform der Kinder. Zeichnend ver- und bearbeiteten sie das zuvor Wahrgenommene geistig, verbanden es mit eigenen Vorstellungen und setzten sich tiefer damit auseinander.

Die Dias an der Wand konfrontierten die Kinder mit ihren Erinnerungen an das Maisfeld und boten eine neue Möglichkeit der Auseinandersetzung, von der die Erwachsenen vorher nicht wussten, was sie bei den Kindern auslösen würde.

Jonas entdeckte die Möglichkeit, im Raum wie im realen Maisfeld zu stehen, obwohl es in Wirklichkeit gar nicht da, sondern ein Maisfeld aus Schatten und Licht war. Die Kinder wollten verstehen, woher die Bilder kamen, die sie sahen, wie aus Licht und Schatten Bilder wurden, Bilder, deren Bestandteil sie selber waren.

Die Haare der Maiskolben interessierten die Kinder auch beim zweiten Besuch im Maisfeld. Jakob versuchte, die Herkunft des Maises aus den Haaren zu erklären. Ihn interessierte, woraus Mais entsteht. Auch andere Kinder versuchten, den Sinn und die Beschaffenheit der Haare zu ergründen, und entwickelten Hypothesen, die auf Vergleichen beruhten. Sie setzten Bekanntes und Unbekanntes in Beziehung zueinander und brachten die sie umgebenden Wirklichkeiten mit ihren Phantasien in Verbindung. Sie verglichen, was sie wahrgenommen hatten, indem sie mit der Formel »ist wie…« Analogien herstellten. Solche Analogien sind der Beginn von Wissenschaft.

So wurde der Mais zu einem Thema, das über die Pflanze hinausging und den Menschen unmittelbar betraf. Als Luisa den Maiskolben menschliche Merkmale zusprach und vorschlug, mit ihnen Theater zu spielen, spielte sie mit den Bedeutungen menschlicher Rollenmuster ebenso wie mit dem Sinn, den sie dem Mais zuschrieb, weil er sie überzeugte und für sie bedeutungsvoll war.

Das Interesse der Kinder erwuchs aus ihrem Staunen in der sinnlichen Auseinandersetzung mit ihrer Umgebung. Indem sie diesem Interesse weiter nachgingen, wurden sie zu Forschern, Er-forschern dieser Umgebung. Sie konnten das aber nur, weil Erwachsene, die die Antworten kennen, sie ihnen nicht vorgaben, sondern sich zurückhielten, die Kinder lediglich begleiteten und ihren Forschungswegen zu folgen versuchten, indem sie sie genau beobachteten. Was sie dabei wahrnahmen, dokumentierten sie und machten es damit der Erforschung kindlicher Wege des Verstehens zugänglich.

Ergebnisse

Wenn Erwachsene Bildungsprozesse angemessen begleiten wollen, müssen sie versuchen, sich den Wirklichkeiten der Kinder anzunähern. Die Erzieherinnen der am Projekt beteiligten Einrichtungen ließen sich auf diesen Versuch ein. Im Verlauf des Projekts fügten sie ihren schriftlichen Beobachtungen Fotos, Skizzen und Videoszenen hinzu. Sie begannen, die Werke der Kinder – Bilder, Bauwerke – zu sammeln und fotografisch festzuhalten. In regelmäßigen Reflexionsgesprächen versuchten sie in der oben beschriebenen Weise immer wieder, ihre eigenen Gefühle von dem zu trennen, was in einer beobachteten Situation möglicherweise bei einem Kind stattgefunden hatte. So machten sie sich auf den Weg, Kindern verstehend näher zu kommen.

Im Laufe des Projektes gewannen die schriftlichen Beobachtungen zunehmend an Tiefe. Die Fotos wurden aussagekräftiger, die Videoszenen zahlreicher. Erste Ansätze von Dokumentationen entstanden. Dabei richtete sich der Blick der Erzieherinnen nicht mehr nur auf die Kinder selbst, sondern auch auf das, was deren Interesse auslöste. Erwachsene und Kinder wurden zu Forschern.

Durch die beschriebenen Annäherungsprozesse veränderte sich das pädagogische Handeln der beteiligten Erzieherinnen. Materialien wurden ausgetauscht und ersetzt, Räume wurden neu gestaltet. Das vorangegangene Kapitel beschrieb diese Veränderungsprozesse.

Zunächst stand das Bemühen um die eigene Zurückhaltung im Zentrum, das Aufgeben einer Position, die Kindern etwas vorher Festgelegtes, nämlich ein bestimmtes Bildungsziel, vermitteln will. Gegen Ende des Projektes mehrten sich Überlegungen, wie auf der Basis zurückhaltender Beobachtung Impulse gesetzt werden können, die das weiterzuentwickeln helfen, was man beim Kind wahrgenommen hat.

Die Erzieherinnen dokumentierten die Interessen und eigenaktiven Tätigkeiten der Kinder und stellten ihnen die Materialien zur Verfügung, von denen sie annahmen, dass sie die Interessen der Kinder weiter voranbringen könnten. Danach wurde weiter beobachtet und dokumentiert, was die Kinder taten und sagten, als sie sich mit den Materialien auseinander setzten. Resultat: Heute finden sich viele Alltagsgegenstände, aber auch Dinge wie Zollstöcke, Autoreifen, Trichter, Lupen und Mikroskope in den Kindertagesstätten.

Immer wieder trafen die Phantasien der Erwachsenen auf die Wirklichkeiten der Kinder. Indem die Erzieherinnen dieses Aufeinandertreffen wahrnehmend beobachten und bewusster Reflexion zugänglich machen, entstehen spiralförmige Prozesse, die nicht abgeschlossen werden müssen, sondern die prinzipiell offen sind.

Zusammenfassung: Bildungsprozesse beobachten

Bildungsprozesse zu beobachten ist ein offenes, subjektives und komplexes Vorhaben. Beobachtet wird immer aus der individuellen, biografisch bestimmten Perspektive.

Im Projekt beobachtete jede beteiligte Erzieherin zunächst das alltägliche Tun eines oder mehrerer Kinder ihrer Gruppe. Sie öffnete ihre Sinne und ließ sich wahrnehmend auf die Beobachtung ein. Möglichst unmittelbar im Anschluss schrieb sie das Wahrgenommene aus der Erinnerung heraus auf. In einer Art Erzählung vergegenwärtigte sie sich schreibend, was sie zuvor beobachtet hatte.

Die Beobachtungen der Kolleginnen wurden in regelmäßigen Reflexionsgesprächen im Team besprochen. Fragen, die zunächst von einer externen Moderatorin eingebracht wurden, dienten dem Team später, als es die Gespräche selbstorganisiert durchführte, als strukturgebende Elemente. Die wichtigsten Aspekte der Gespräche hielt jeweils eine Kollegin in einem Protokoll fest.

Obwohl die Beobachtungen von Beginn an als sinnvoll empfunden wurden und sich schnell herausstellte, dass man intensiver über Erklärungen und Ursachen kindlichen Handelns nachdenkt, kam es zu Ängsten und Unsicherheiten. Eine Erzieherin umschrieb ihre Situation mit folgenden Worten: *»Manchmal klappt's gut mit dem Beobachten, dann bin ich euphorisch. Dann ist es wieder schwierig.«*[28]

Schwierig, so wurde von den Erzieherinnen rückgemeldet, war vor allem die schriftliche Fixierung der Beobachtungen. In diesem Zusammenhang wurde immer wieder Zeitmangel beklagt.

Bezogen auf das Beobachten, das die Zurückhaltung der Erwachsenen erfordert, fürchteten die Kolleginnen, die Kinder zu sehr sich selbst zu überlassen. Es wurde deutlich, dass die Kinder bei zunehmender Zurückhaltung Erwachsener auf vielfältig gestaltbare Umgebungen angewiesen sind.

Häufig löste das Beobachtete Fragen aus, die die Erzieherinnen schwer aushalten konnten: *»Was ist das? Das geht nicht in meinen Kopf rein.«* Die Sinn- und Ernsthaftigkeit beobachteter Details wurde immer wieder in Frage gestellt: *»Nichts Weltbewegendes.«*

Beobachtete Szenen lösten aber auch Staunen und Freude aus. Max, drei Jahre alt, der ausgiebig versuchte, auf einem Kreisel zu stehen, riss eine Erzieherin zu folgender Äußerung hin: *»Wenn man jedes Kind so intensiv beobachtet, wüsste man mehr darüber, was in so einem kleinen Gehirn alles vor sich geht.«*

---

28 Alle kursiv gedruckten Textteile geben Originalzitate von Erzieherinnen in den Veranstaltungen des Moduls »Bildungsprozesse« wieder.

Bildungsprozesse anregen –
Das Modul »Weltwissen«

Kleine Kinder bilden sich ganzheitlich

Wenn kleine Kinder Forscher sind, dann sind sie Allroundforscher par excellence.[29] Auf elementare Weise verkörpern sie ein humanistisches Bildungsideal: Selbsttätigkeit, Disziplinen übergreifendes Interesse und Denken, Verbindung von Ästhetik und Denken, Verankerung des Wissens und Könnens in der Persönlichkeitsstruktur und ihren Wertmaßstäben, Verknüpfung mit philosophischen und weltanschaulichen Grundsatzfragen. Sie machen noch keinen Unterschied zwischen wissenschaftlichen Disziplinen, zwischen unterschiedlichen Wahrnehmungs- und Denkformen oder zwischen Handeln, Vorstellen, Spielen, Simulieren, Erproben und schlussfolgerndem Denken. Vielmehr benutzen sie all diese Werkzeuge, um mehr von der Welt zu verstehen und zu begreifen. Und sie bewerten – wenn sie dürfen – die Erkenntnisse aus all diesen Bereichen nicht unterschiedlich. Geht es um frühkindliche Bildung, muss man dafür Sorge tragen, dass diese Verbindung konkreten, sinnlichen, ästhetischen und schlussfolgernden Denkens nicht getrennt wird.

Kleine Kinder sind Ästheten

Kleine Kinder sind Ästheten in einer umfassenden Bedeutung des Wortes: Sie erfahren ihre Wirklichkeit mit allen sinnlichen Mitteln, entwickeln diese Mittel durch den täglichen Gebrauch immer weiter und verfeinern ihre Wahrnehmungsfähigkeiten auf all den Gebieten, auf denen man ihnen Gelegenheit dazu gibt. Für sie ist ästhetische Erfahrung noch eine alltägliche Angelegenheit. Zu einem Thema der Kunst wird sie erst viel später, nämlich dann, wenn diese täglichen Erfahrungen nichts Ungewohntes mehr enthalten und neue sensorische Erfahrungen fast nur noch im Bereich der Kunst gemacht werden können.

In den Kindertagesstätten in Reggio Emilia, inzwischen weltweit als das vielleicht beste Modell frühkindlicher Bildung anerkannt, stehen Ateliers und Miniateliers im Mittelpunkt des pädagogischen Alltagshandelns. Dabei geht es nicht in erster Linie darum, Kinder zur Kunst zu bringen, sondern um die Möglichkeit, kindliches Gestalten als eine Form der Vertiefung kindlicher Welterfahrung voranzubringen. Dass die Produkte von hohem ästhetischen und künstlerischen Reiz sind, ergibt sich fast von selbst.

Einer der Bereiche, die auf diese Weise ästhetisch erforscht werden können, ist der Bereich der Natur. Die Verbindung von Kunst und Natur hat

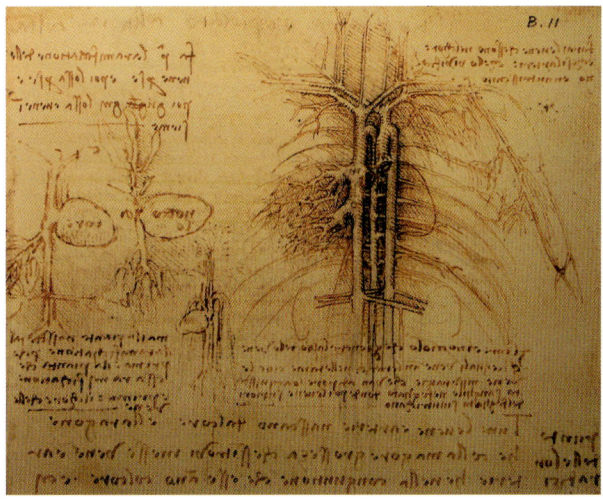
Zeichnend werden anatomische Details erfasst

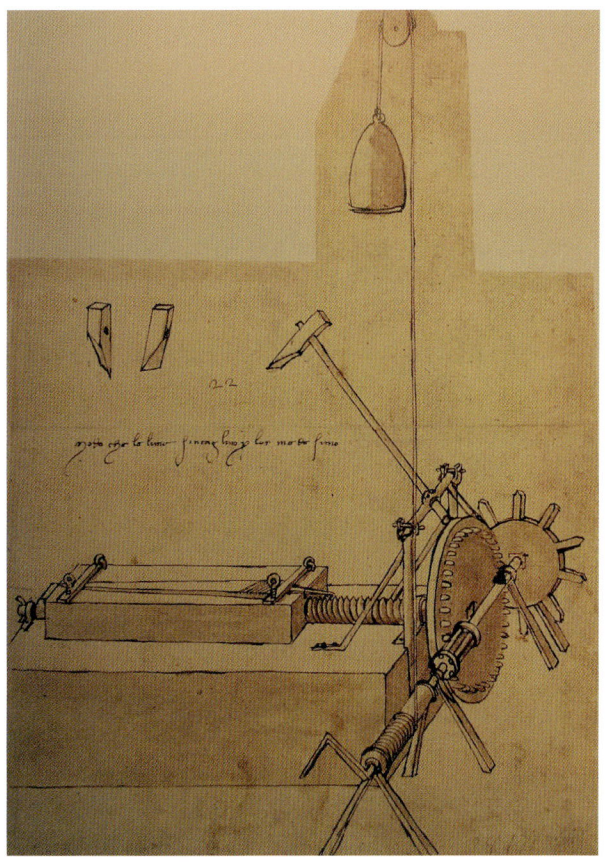
Konstruieren heißt zunächst zeichnend Zusammenhänge sichtbar machen

---

29 Ein allgemeiner, gut verständlicher Überblick über die Ergebnisse der heutigen Säuglingsforschung trägt den Titel »Forschergeist in Windeln« (The scientist in the crib).

■ Bildungsprozesse anregen – das Modul »Weltwissen«

Zeichnend und malend werden die Unterschiede der Arten kenntlich gemacht.

ihre prominenten historischen Vorläufer in Leonardo da Vinci oder Johann Wolfgang von Goethe, um nur die hervorstechendsten Vertreter zu nennen.

Noch im neunzehnten Jahrhundert bestand ein wichtiger Teil naturwissenschaftlichen Vorgehens im Entdecken und Sammeln von bislang Unbekanntem, dessen Beschreibung und detaillierter Untersuchung. Charles Darwin oder Alexander von Humboldt haben Landschaften, Pflanzen, Tiere beschrieben und sie in Zeichnungen und Aquarellen festgehalten. Sargents »Silva«, eine Beschreibung der Bäume Nordamerikas, ist von diesem Geist der ästhetischen Ordnung geprägt.

»Die Silva ist typisch viktorianisch, eine Wissenschaft der Beschreibung und Klassifizierung, die sich mit stolz präsentierten, umfassenden Sammlungen brüstet. Noch war es keine Ökologie und noch keine sichere Grundlage für Naturschutz, aber bevor die Waldpflanzen nicht katalogisiert waren, ließ sich auch keine weiterführende Wissenschaft betreiben.«

»Die heutige Wissenschaft ist vorzugsweise abstrakt und intellektuell, Sargents Silva hingegen berauscht die Sinne. Das Gewicht der Bände, die große, fett gedruckte Schrift, die üppigen lateinischen Namen, die anekdotenhaften Fußnoten, der autoritative Stil und vor allem die wunderbar wiedergegebenen Illustrationen sprechen Tastsinn, Auge und Geist gleichermaßen an. Die Silva of North America ist selbst eine Art von Baumgarten...«[30]

In ähnlicher Weise beschreiben auch Kinder die Wirklichkeit der Natur. Sie sammeln, ordnen, gestalten, erfinden und entwickeln daraus Theorien, die ganz von dem durchdrungen sind, was sie wahrgenommen haben. Die heutige Forschung nennt das »naive Theorien«.

Erkenntnisse aus der Kognitions- und Neuroforschung

Bevor wir Kindern etwas über die Welt erzählen können, erfahren sie die Wirklichkeit über ihre Sinne. Diese Sinne sind am Anfang grob und müssen durch Erfahrung differenziert und gebildet werden.

Die frühen sinnlichen Erfahrungen formen die neuronale Architektur des Kindes. Dabei gilt: Es wird nur das differenziert und gebildet, was tatsächlich verwendet wird. Was nicht gebraucht wird, das geht verloren.

---

30 Chet Reymo, 2004, S. 2

Die frühen Lebensjahre sind damit eine entscheidende Zeit, in der die Grundlagen für die sinnlich-ästhetischen Erfahrungsmöglichkeiten der Kinder individuell gelegt werden.

Die Erfahrung der Wirklichkeit mit sinnlichen Mitteln (ästhetische Erfahrung) und die Entdeckung der Natur durch das Kind sind daher keine Gegensätze, sondern gehen Hand in Hand.

Kunst und Wissenschaft haben eine gemeinsame Grundlage: die sinnlich-ästhetische Erfahrung. Solange es um die mit den Sinnen direkt wahrnehmbare Welt geht, spielen Kunst und Wissenschaft zusammen.

Die Weimarer Sommerakademien

Im Bereich der Naturerfahrung ging das Modellprojekt »Wirklichkeit und Phantasie« davon aus, dass die Erzieherinnen ein Verständnis für die Fragestellungen der Kinder, ihre Besonderheiten und scheinbaren Ungereimtheiten gewinnen, indem sie ihre eigene Neugier im Bereich der Natur pflegen oder wieder entdecken.

Zu diesem Zweck veranstaltete das Projekt die Sommerakademien in Weimar. Ihr Thema waren Fragen des Naturverständnisses von Erwachsenen und Kindern. Erzieherinnen erhielten die Gelegenheit, sich (wieder) fragend mit Phänomenen der Natur auseinander zu setzen. Ihrer Neugier auf naturwissenschaftliche Fragestellungen sollte reichlich Nahrung geboten werden. Deshalb konnten sich Erzieherinnen über den Zeitraum von fünf Tagen mit Fragestellungen aus dem Bereich der Natur auseinander setzen, indem sie ihr eigenes Nachdenken aus ihren Wahrnehmungen, Fragen und Sichtweisen entwickelten.

Die fünf Tage waren zweispurig konzipiert: Vormittags Denkwerkstatt, nachmittags Gestaltungswerkstatt. In der Denkwerkstatt wurden Sachfragen erörtert. In der Gestaltungswerkstatt hatten die Teilnehmerinnen Gelegenheit zu freiem bildhaften Gestalten. An einem Tag gab es statt der Gestaltungsmöglichkeiten im Atelier einen Bewegungs-Workshop.

Durch die Kombination von Denk- und Gestaltungswerkstatt sollten strenges und lockeres Denken, aufnehmend-sachorientiertes Denken und freies, gestaltendes Denken – im Sinne des Projektthemas »Wirklichkeit und Phantasie« – miteinander verbunden werden. Für die Durchführung der Akademien standen die Räume der Weimarer Mal- und Zeichenschule zur Verfügung, deren Leiterin, Frau Fechner, auch die Gestaltungs- und Bewegungswerkstatt leitete.

Beispiel Sommerakademie Mathematik

Wenn man um einen Zehnerturm von Centstücken konzentrisch Türme gruppiert, die jeweils um ein Centstück niedriger werden, ergibt sich eine flache, sechseckige Pyramide. Wie viele Centstücke sind dafür notwendig?

Was kann entstehen, wenn man Einheiten von sechs Centstücken (in Dreiecksform) an einer Ecke miteinander verbindet?

2005 fand eine vierte Sommerakademie außerhalb des Projektes statt. Sie befasste sich mit dem Thema Mathematik. Als Referentin konnte Frau Dr. Angela Bolland von der Universität Bremen gewonnen werden. Sie versteht Mathematik – in Anlehnung an Kerensa Lee Hülswitt – als eine Form des Ordnens und geht von einer großen

■ Bildungsprozesse anregen – das Modul »Weltwissen«

Wie kann man mit einer vorhandenen Zahl von Würfeln die größtmögliche Pyramide bauen?

Übergang von Ordnung zum Chaos und wieder zurück

Flächige und räumliche Strukturen...

Menge gleicher Elemente aus, zum Beispiel mehrere Tausend Cent-Stücke, Hunderte von Würfeln oder Tausend Holzplättchen. Im Ordnen gehen ästhetische, geometrische, räumliche und zahlenmäßige Ordnungen ineinander über und auseinander hervor.

Parallel widmete sich die Gestaltungswerkstatt von Frau Fecher – mehrere gestalterische Techniken nutzend – dem Thema von Chaos und Ordnung.

Das Bildungsverständnis der Weimarer Sommerakademie verband ästhetische und naturkundliche Fragestellungen.

Es setzte damit einen klassischen Bildungsgedanken zeitgerecht um.

... die sich aus dreieckigen und viereckigen, zweifarbigen Plättchen erfinden lassen

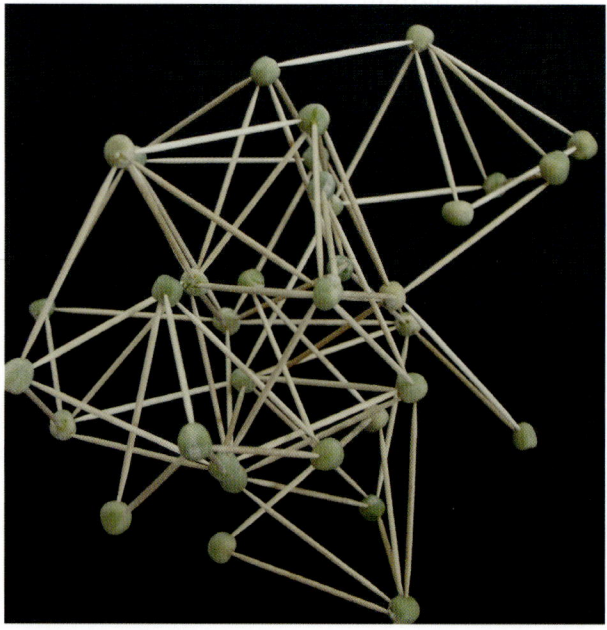

Räumliche Ordnungsstrukturen erfinden – Material: eingeweichte Erbsen und Zahnstocher

Bildungsprozesse anregen – das Modul »Weltwissen«

»Kunst aufräumen«: Bilder zerlegen und nach neuen Prinzipien (z.B. Größe, Farbe, Strukturen usw.) ordnen

Es bezog sich gleichermaßen auf Erwachsene (Erzieherinnen) und Kinder.

Es ebnete damit kleinen Kindern einen Weg, auf dem sie sowohl einen Zugang zur Kunst wie auch zur Natur gewannen.

Seine wichtigsten geistigen Werkzeuge waren dabei die Verbindung von Wahrnehmen, Gestalten und Denken. Dies kam im Wechselspiel von Denk- und Gestaltungswerkstatt zur Geltung.

Bildungsprozesse
von Anfang an denken

Bildungsprozesse von Anfang an denken

Der kindliche Bildungsprozess

Der kindliche Bildungsprozess beginnt mit konkretem Denken.[31]

Wir gehen davon aus, dass die erste Ordnung, die ein Kind in seiner Welt schaffen muss, eine handelnd-sinnlich-emotionale Ordnung ist. Diese Organisation der sinnlichen Erfahrungen, ihre Differenzierung und emotionale Bewertung nennen wir konkretes Denken. Erfahrungen, die nicht durch konkretes Denken geordnet wurden, können auch nicht symbolisch strukturiert werden. Symbolisches Denken setzt konkretes Denken voraus.

Was meint konkretes Denken: Wenn ein Kind auf die Welt kommt, erfährt es die Welt zunächst vorwiegend körperlich. Es wird gehalten, hochgenommen, bewegt. Diesen Körpererfahrungen ist es zunächst einmal ausgesetzt. Es nimmt sie auf eine unbewusste Weise wahr und ordnet sie als angenehme oder weniger angenehme Erlebnisepisoden ein.

Durch die emotionale Bewertung werden die erlebten Szenen zu Ereignissen organisiert, die mehr oder weniger freudig wieder erwartet oder aber gefürchtet werden können. Episoden, Szenen erlebten Lebens sind also Erfahrungen, die durch die Bewertung des Säuglings als irgendwie abgegrenzte Ereignisse markiert wurden. Abgrenzung und emotionale Markierung bilden die Voraussetzung dafür, dass diese Erfahrungsmuster durch die weiteren biografischen Erfahrungen differenziert werden können.

Bildung der Sinne

Die Welt mit den Sinnen zu erkunden wird als der Anfang des kindlichen Forschens begriffen. Bevor man die Welt nicht in ihrer Differenziertheit und Vielfältigkeit aufmerksam wahrgenommen hat, kann man keine sinnvollen Fragen an diese Welt stellen und nicht herausbekommen was sie bedeutet.

Gleichzeitig gilt aber auch: Wenn man keine Ideen hat, über einzelne Bereiche der vorgefundenen Wirklichkeit nachzudenken, dann wird diese Wirklichkeit auch nicht differenziert wahrge-

---

31 Literaturhinweise zu den folgenden Abschnitten finden sich in: Schäfer, G. E. (Hrsg.): Bildung beginnt mit der Geburt. a.a.O.; Schäfer; G. E.: Sinnliche Erfahrung bei Kindern. In: Materialien zum 10. Kinder- und Jugendbericht. Bd. 1: Lepenies, A./Nunner-Winkler, G./Schäfer, G. E./Walper, S. (Hrsg.): Kindliche Entwicklungspotentiale. Opladen 1999, S.152-290

■ Bildungsprozesse von Anfang an denken

nommen. Wahrnehmen und Denken hängen also sehr eng zusammen.

Sinnlich-ästhetische Erfahrung wird zum Werkzeug, mit dem Kinder sich die Welt erschließen. Mit den Sinnen sind gemeint: die Fernsinne, die Körpersinne und die emotionale Wahrnehmung.

Bewegung ordnet die Welt

Ein wesentlicher Bereich, in dem der Säugling zu seiner Welterfahrung selbst beiträgt, ist in den ersten Lebenswochen die Nahrungsaufnahme, das Saugen. Die erste Welterfahrung des Säuglings, die durch sein eigenes Handeln entscheidend mitgeformt ist, dürfte die Erfahrung der Wirklichkeit mit dem Mund sein, umgeben von den Handlungen, die das kindliche Saugen begleiten.

Wenig später kommen die Erfahrungen des Greifens hinzu. Entscheidend verändert wird die handelnde Welterschließung durch die Entwicklung des Bewegungsapparates. Kriechend, krabbelnd, schließlich laufend ordnet das Kleinkind seine Wirklichkeitserfahrungen entlang der Pfade seiner Fortbewegung. Es legt ein Netz von Wegen über die Welt, die es umgibt. Wirklichkeit erschließt sich ihm aus der Gesamtheit seiner sinnlich-emotionalen Erfahrung, die sich aus der Perspektive dieser Fortbewegungsmöglichkeiten ergeben.

Tasten und Handeln

Die Körperoberfläche insgesamt bildet ein Wahrnehmungsorgan für alles, was auf den Körper einwirkt. Tasten, Wärme, Kälte, Trockenheit, Feuchtigkeit sind die wesentlichen Sinnesmöglichkeiten dieses Wahrnehmungsorgans, das mehr ist als nur die Haut. Subsumiert man all das unter dem Begriff des Tastsinns, dann spielen Bewegung im Raum, motorisches Handeln und Tasten sehr eng zusammen. Ohne ein solches Zusammenspiel kann man keinen Lehmklumpen bearbeiten, nicht mit Kleisterfarbe experimentieren und Schachteln nicht zu einer Puppenwohnung zusammenkleben. Man kann keine Tasse hochheben, keine Schraube eindrehen und keinen Computer bedienen.

Tasten und Handeln sind zunächst ein Forschungsinstrument, mit welchem Wirklichkeit erfahren wird. Zu einer Sprache und damit zu einem Mittel des Ausdrucks und der Kommunikation wird

Erfurt: Experimentieren am Sandtisch

das Instrument dann, wenn andere Menschen mit den dabei entstehenden Formen etwas anfangen können, ihnen eine Bedeutung geben. Diese Sprache wird umso subtiler sein, je differenzierter die Formen des Tastens und Bewegens sich durch Tätigsein ausbilden können.

Kita Tiefurt, Hufeland-Trägergesellschaft, Weimar: Bewegungsbaustelle

Bewegung des Körpers, Rhythmus

Die Bewegungen eines Körpers bilden einen Zusammenhang, der vom Gewicht und der Größe der Glieder abhängt, die von den motorischen Mustern bewegt werden. Arme und Beine bilden

Bildungsprozesse von Anfang an denken

Erfurt: Konstruieren – Denken – Handeln

ihre eigenen Bewegungsrhythmen, die vom kleinen Kind erst koordiniert werden müssen. Die Bewegungsformen von Mund oder Fingern ermöglichen weitere Rhythmen. Der Rhythmus des Atems, des Herzens bilden weitere Stimmen.

Der Zusammenklang von unterschiedlichen Bewegungsmustern und Rhythmen oder auch ihre Disharmonie gestalten die Ausgangspunkte für eine individuelle Sprache der Bewegung des Leibes, die von den einfachen Bewegungen des Körpers im Alltag bis in die feinen Verästelungen differenzierter Gestik reicht.

Die mimetische Ordnung der Welt

Von Geburt an sind Säuglinge mit der Gesichtsmimik zu einfachen Formen der Imitation in der Lage. Nachahmung ermöglicht dreierlei:

Zum einen kann das Kleinkind durch Imitation Ausschnitte seiner Wirklichkeit erfassen und ordnen. Imitation ermöglicht ihm, Muster der Welterfahrung in Ansätzen von anderen Menschen zu übernehmen und sie zum Ausgangspunkt eigener Fortentwicklungen zu machen.

Zum anderen bildet die Imitation einen wesentlichen Baustein für die Ordnung und Differenzierung der Kommunikation. Weshalb? Wir müssen davon ausgehen, dass Säuglinge von Anfang an in der Lage sind, andere Menschen als so etwas wie sie selbst zu begreifen: Verzieht ein anderer Mensch den Mund zum Lachen, muss es das Gleiche sein, wenn ich den Mund zum Lachen verziehe. Wüsste ich nicht, was Lachen bedeutet, wie könnte ich dann mit einem anderen Menschen in einen kommunikativen Austausch treten?

Um mit jemandem zu kommunizieren, brauchen Säuglinge einen Ausgangspunkt. Dieser Ausgangspunkt scheint mit der Nachahmung gegeben: Die Mutter lächelt, das Kleinkind lächelt – wir sind uns beide einig, was das bedeutet. Wenn wir uns einig sind, dann haben wir für unseren zwischenmenschlichen Austausch einen Ausgangspunkt, an dem man alle Abweichungen ermessen kann. Die weitere Entwicklung der Kommunikation besteht darin, Felder der Übereinstimmung abzustecken, damit man Abweichungen erkennt.

Ein dritter Punkt, der die Bedeutung der Nachahmung bestätigt, ist hervorzuheben: Nachahmung ist eine Form der Übernahme von komplexen Verhaltensmustern. Komplexe Verhaltensmuster sind solche, die rationale, emotionale, ästhetische, soziale und individuell-biografische Aspekte in einer Form zusammenbinden. Das heißt, man kann keinen dieser Aspekte aus dem Verhaltensmuster herausnehmen, ohne dass sich die Bedeutung des Verhaltens verändert.

Denken in Vorstellungen

Von all diesen Erfahrungen bleiben Erinnerungen: zunächst Erinnerungen in Handlungsmustern, die sich wiederholen, dann Erinnerungen in bildhaften Episoden, erlebten Szenen. Daraus ergeben sich Vorstellungen von einer Wirklichkeit, die man erfahren und sich vertraut gemacht hat. Vertraut machen heißt nichts anderes, als diese Wirklichkeit in inneren Mustern zu strukturieren, die man wiedererkennen kann.

■ Bildungsprozesse von Anfang an denken

Niederdorla: Portraits

Die Erinnerungsmuster einer durch Bewegung erschlossenen, sinnlich und emotional erfassten und geordneten Welt werden zu einer repräsentierten Welt verarbeitet. Erfahrene Szenen und Episoden bilden eine Vorstellungswelt, eine Welt im Kopf, die unabhängig von der gerade vorhandenen Außenwelt hervorgerufen werden kann. Sie ist ästhetisch geordnet, denn sie kann im Gedächtnis nur gespeichert werden, wenn sie mit den Sinnen, also ästhetisch geordnet wurde.

Ästhetisch heißt: mit den Organisationsformen der sinnlichen Erfahrung. Diese Formen sind uns in ersten Ansätzen mitgegeben. Jedes Kind kann mit einiger Übung Figur und Grund unterscheiden, die farbliche Ordnung der Dinge entziffern oder räumliche Beziehungen herstellen.

Durch den Gebrauch und je nach dem Maße dieses Gebrauchs werden die ästhetischen Ordnungen weiter entwickelt und differenziert. Künstler, Architekten, Psychotherapeuten oder Akrobaten zum Beispiel sind Menschengruppen, die eine hochdifferenzierte Wahrnehmung für ganz bestimmte sinnlich-emotionale Bereiche haben. Das bedeutet nichts anderes, als dass sie diese Erfahrungen bis in kleine Details und in hoher Komplexität ordnen können. Doch jeder Mensch hat in den ersten Lebensjahren seine Sinneserfahrungen und Vorstellungswelten so weit differenziert, wie es notwendig war, um mit seiner spezifischen soziokulturellen Umwelt in Kontakt und Austausch zu treten.

Sammeln und Vergleichen

Um spielen zu können, muss man Repräsentationen gesammelt haben. Sammeln ist daher eine weitere Form des konkreten Denkens.

Gesammeltes wird in Kategorien eingeteilt. Grundlage solcher Kategorien sind Ähnlichkeit und Verschiedenheit. Daher führt Sammeln zum Vergleichen.

Bildungsprozesse von Anfang an denken

Mühlhausen: Materialsammlung

Spielen und Gestalten

Sofern diese episodische Welt im Kopf präsent ist, kann sie weitergedacht werden. Auf der Grundlage eines differenzierten Gehirns können diese Repräsentationen gedacht und denkend weiterentwickelt werden. Basis dieses Weiterdenkens ist das Spiel.

Das Spiel, so scheint uns, ist vielleicht die wichtigste Form des »konkreten Denkens«. Spiel setzt Vorstellungen voraus. Im Spiel werden Vorstellungen in neuer Weise zusammengesetzt. Insofern ist Spiel eine Probebühne des Lebens.

Mit Hilfe von Werkzeugen und Materialien können imaginäre Wirklichkeiten gestaltet werden. Einerseits werden dadurch Vorstellungen realer: Durch Pläne oder Modelle lässt sich Wirklichkeit simulieren, bevor man ernsthafte Entscheidungen trifft. Andererseits können die nicht rationalen Anteile von Erfahrungen der Wirklichkeit gestaltend ausgedrückt und anderen Menschen zugänglich gemacht werden. Wirklichkeit wird als erlebte und denkend durchdrungene Wirklichkeit nachvollziehbar.

Gestalten, sei es mit strukturierten oder mit unstrukturierten Materialien, besteht also in der Imagination einer Wahrnehmungswelt, ihrer Umerfindung und Neuformung, sei es im Kopf des Kindes, sei es mit irgendwelchen Werkzeugen und Gestaltungsmaterialien, sei es im kindlichen Spiel. Dadurch wird einerseits die Vorstellungswelt näher an die Wirklichkeit heran getragen, andererseits werden die unsichtbaren Dimensionen von Wirklichkeitserfahrungen wahrnehmbar gemacht.

Die drei Ebenen konkreten Denkens

Die Ebene des unmittelbaren Handelns und der Interaktion

Auf dieser Ebene ist der Körper das Werkzeug der Erfahrung. Die Wirklichkeit wird durch die Instrumente verwandelt, die der Körper zu Verfügung stellt.

Die Ebene der handelnden Interaktion mit Werkzeugen und Materialien

Auf dieser Ebene wird die Wirklichkeit mit Hilfe von gegebenen Materialien und Werkzeugen verwandelt. Die Kinder erweitern und ergänzen die Werkzeuge, die mit dem Körper gegeben sind. Bringt man verschiedenste Materialien und Werkzeuge, die eine Kultur zur Verfügung stellten, und die vielfältigen Formen der Sinneserfahrungen zusammen, so ergeben sich daraus die hundert Sprachen der Kinder.

Die Ebene der handelnden Interaktion mit Hilfe von inneren und/oder äußeren Repräsentationen

Auf dieser Ebene werden die handelnden Interaktionen in Vorstellungen verwandelt. Die Vorstellungen werden sichtbar gemacht, indem sie durch ein konventionalisiertes Formenrepertoire artikuliert werden. Das bedeutet auch, dass die hundert Sprachen der Kinder sich nur aus ihren spontanen Ansätzen heraus weiterentwickeln und differenzieren können, wenn es jemanden gibt, der ihnen Aufmerksamkeit schenkt und der die Kinder mit Formen der soziokulturellen Repräsentation vertraut macht, die in einer soziokulturellen Umgebung üblich oder wenigstens möglich sind.

Vom konkreten Denken zum symbolischen Denken

Sprechen lernen

Dass Kinder schon einiges von der Welt kennen, ermöglicht ihnen, die Sprache zu lernen. Um zu verstehen, was gesprochen wird, muss man die Situation bereits kennen, in der und über die gesprochen wird. Darum sind es die vertrautesten Phänomene der Wirklichkeit des Kindes, die als erste mit einem Wort bezeichnet werden. Kinder wissen, wer Mama ist, was man mit ihr machen kann, wie sie sich anfühlt, wie sie reagiert, wie sie aussieht. Sie wissen das aus vielen tausend

■ Bildungsprozesse von Anfang an denken

Niederdorla

Mühlhausen

erlebten Szenen, die ihr Bild in der Erinnerung formen. Weil diese Vorstellungen ein lebendiges Bild von ihrer Wirklichkeit im Kopf des Kindes geworden sind, bekommt das Wort »Mama« einen Sinn.

Man kann seine erste Sprache nur in einem vertrauten Umfeld erlernen, weil man nur dort weiß, welche Erlebnis- und Erfahrungseinheiten gemeint sind, wenn das Wort »Mama«, »Papa«, »Auto« oder »Wauwau« auftaucht. Um in einer Sprache denken zu lernen – das ist mehr als der »Erwerb« von »Sprachkompetenz« – braucht man vertraute Situationen, in denen gehandelt wird, Menschen, die mit einem sprechen, und vor allem Menschen, die zuhören können. Lückenlose »Sprachstandserfassungen« sagen uns nichts über diesen Kontext und seine Rolle beim Spracherwerb. Wenn Kinder einmal in die Welt der Sprache eingetreten sind, dann ändert sich einiges: Sie können über ihre Erlebnisse und Erfahrungen reden. Man kann ihnen aber auch von den Erfahrungen anderer Menschen erzählen. Sie können sprachlogisch denken. Das heißt, dass sie ihre Gedanken in eine lineare, logische Ordnung bringen müssen. Sprachlogisch geordnet kann man genauer nachdenken und überprüfen, was man gedacht hat. Über die Sprache ist das, was man denkt, dem Bewusstsein näher.

Verständigung

Mit dem Eintritt in die Sprache geht das Kind einen wichtigen Schritt auf dem Weg zum symbolischen Denken.[32] Miteinander sprechen ermöglicht, über die eigene Erfahrung hinauszugehen. Man kann dem Kind die Erfahrungen anderer Menschen mitteilen. Damit ist es nicht mehr nur auf seine subjektiven Verständnishorizonte angewiesen, wenn es sich die Welt erschließen möchte, sondern kann prinzipiell auf alles zurückgreifen, was eine soziale Gemeinschaft, eine Kultur zur Interpretation von Wirklichkeit an Denkmodellen bereitstellt.

Von der bildhaften zur sprachlich geordneten Logik

Während die Informationen im Bild zeitgleich vorhanden sind, werden sie in der Sprache entlang eines gedanklichen Fadens geordnet. Das ist zwar zeitraubend, aber wesentlich präziser. Man kann bewusst über etwas nachdenken, man kann überprüfen, was gesagt wurde, Widersprüche ausräumen, klarer denken.

---

[32] Greenspan und Benderly (Die bedrohte Intelligenz. München 2001, S. 105 ff.) sprechen von einem Übergang vom Aktionsmodus des Seins zum symbolischen Seinsmodus. Edelman und Tononi (Gehirn und Geist. München 2002, S. 140 ff.) grenzen ein szenisches, »primäres Bewusstsein« von einem »Bewusstsein höherer Ordnung« ab. Köhler (Einführung in die Entstehung des Gedächtnisses. In: Koukkou, M./Leutzinger-Bohleber, M./Mertens, W.: Erinnerung von Wirklichkeiten. Bd. 1, a.a.O., S. 185) schreibt: »Die Sprache mit ihren Begriffsbildungen erfordert eine totale Umorganisation des globalen Erlebens nach neuen Gesichtspunkten. Um das global-amodale Erleben auch nur einer Sekunde sprachlich auszudrücken, bedarf es vieler Worte und begrifflicher Kategorien...«

Bildungsprozesse von Anfang an denken

Mühlhausen: Ordnungen finden

Niederdorla: Muster machen

Der Anschluss an das kulturelle Gedächtnis

Über die Sprache erhält man Anschluss an ein umfangreiches, sprachlich kodiertes kulturelles Gedächtnis, in dem teilweise festgehalten wird, was andere Menschen, selbst andere Generationen über bestimmte kulturell für bedeutsam gehaltene Phänomene ausgesagt und gedacht haben. Wir haben die Möglichkeit, alles, was derart niedergelegt wurde – sei es in Erzählungen, sei es in Schrift – wieder hervorzuholen, um es für uns und unseren Alltag zu verwenden. Nur indem spätere Generationen an dieses Gedächtnis anknüpfen, wird verständlich: Wir werden zwar mit einem Gehirn geboren, das sich seit unseren Frühkulturen strukturell nicht verändert hat, aber es ist dennoch in der Lage, statt Faustkeilen, Steinklingen oder Äxten Quanten oder Fraktale zu denken.

Andere Symbolsysteme

Es ist wohl so, dass dem Kind mit der Sprache noch nicht alle Symbolsysteme, die unsere Kultur ausgebildet hat, zur Verfügung stehen. Die Mathematik hat ein anderes, vielfältiges und hochkomplexes Symbolsystem von hoher Bedeutung für unsere Kultur entwickelt. Wenn man dabei nur das Zählen und die Grundrechenarten im Kopf hat, dann werden Kinder erst mit fünf oder sechs einen Zugang finden. Betrachtet man Mathematik jedoch unter dem Aspekt »die Welt ordnen«, dann haben es Kinder schon sehr früh mit Formen »mathematischen Denkens zu tun (vgl. w.u. die Ausführungen zur Denk- und Gestaltungswerkstatt Mathematik der Sommerakademien). Die Symbolwelt der Mathematik zu entdecken und zu gebrauchen geht natürlich weit über diese Anfänge hinaus. Anders als bei der Sprache erreichen in unserer Kultur auch nicht alle Menschen den Stand, sich mit Hilfe der Mathematik auszudrücken und mit diesem Werkzeug die eigenen Welterfahrungen zu ordnen. Damit sei nur angedeutet, dass sich in vielen kulturellen Bereichen Symbolsysteme entwickeln können, die nur spezielle Kenner wirklich begreifen.

Bildung aus erster und aus zweiter Hand

Von dem Zeitpunkt an, wo Kinder sprechen können, muss zwischen zwei Bildungsprozessen unterschieden werden, die hier »Bildung aus erster und aus zweiter Hand« genannt werden.

Bildung aus erster Hand

... meint ein Lernen aus eigenen Erfahrungen heraus, aus dem was man wahrgenommen, geordnet, in Bilder gefasst und schließlich in Sprache übersetzt hat. Diese Form der Bildung entsteht also aus der Klärung der eigenen Erfahrungen.

In den ersten drei Lebensjahren bilden sich Kinder nahezu ausschließlich durch eigene Erfahrungen, also durch das, was sie tun und erleben. Das heißt nicht, dass diese Erfahrungsprozesse isoliert vom sozialen Kontext verliefen. Vielmehr bestehen sie aus der individuellen Wahrnehmung und Ausdeutung dessen, was das soziale und kulturelle Umfeld an konkreten Beziehungs- und

■ Bildungsprozesse von Anfang an denken

Erfurt: Projekt Kellerasseln – Bildung aus erster und zweiter Hand

Sacherfahrungen über zwischenmenschliche Aushandlungsprozesse präsentiert.

Erfahrungen aus erster Hand sind diese Bildungsprozesse insofern, als das Kind auf seine eigenen Wahrnehmungen, Erlebnisse, emotionalen Bewertungen als Grundlage dieser Bildungsprozesse angewiesen ist. Sie bilden den Ausgangspunkt seines »Denkens«.

Bildung aus zweiter Hand

... meint ein Lernen als Übernahme dessen, was einem erzählt wird. Sie wird erst dann möglich, wenn Kinder die Sprache einigermaßen beherrschen. Dann kann man ihnen sagen, was sie wissen und können sollen, ohne dass sie diese Erfahrungen selbst gemacht haben: Jemand erzählt ihnen Erfahrungen, die andere erlebt, gedacht und begriffen haben.

Diese Erfahrungen werden zwar als Wissen gespeichert. Aber solchem Wissen entsprechen keine Sinneserfahrungen, Handlungen, Erlebnisse, eigene Fragestellungen oder Denkbemühungen. Sie sind zwar auf der Ebene des Denkens,

Mühlhausen: Bildung aus erster Hand

Kita Sackpfeife, Weimar: Bauen mit großen Mengen gleicher Materialien

jedoch nicht auf der Ebene der Sinnes- und Körpererfahrungen im Gehirn repräsentiert. Zu eigenen Erfahrungen werden sie erst, wenn man sie mit bereits vorhandenen Sinnes- und Körpererfahrungen verknüpfen kann. Erzählt ein Astronaut, was er auf dem Mond erlebt hat, können wir das nur in dem Maße verstehen und nachvollziehen, als uns Erfahrungen zur Verfügung stehen, mit deren Hilfe wir uns zum Beispiel seine Erfahrungen von Schwerelosigkeit oder des »geringeren« Körpergewichts »vorstellen« können.

Bildung aus zweiter Hand geht scheinbar schneller, weil sie einige Schritte auslassen kann: Man muss nicht selbst wahrnehmen und über seine Wahrnehmungen nachdenken, sondern bekommt die Gedanken bereits logisch geordnet geliefert. Doch dabei taucht ein Problem auf: Man kann Erfahrungen in Sprache fassen, aber man kann Mitgeteiltes nicht unmittelbar in Erfahrungen verwandeln. Das bedeutet, Erfahrungen, die einem Kind mitgeteilt wurden, sind dadurch noch lange nicht Erfahrungen des Kindes geworden.

Um Mitgeteiltes begreifen, in seiner Bedeutung einschätzen oder gar realistisch überprüfen zu können, muss man reale Erfahrungen haben, vor deren Hintergrund man das Mitgeteilte einordnen kann. Dies muss jeder tun, der einen Urlaubsprospekt liest. Um den Wirklichkeitsgehalt des Prospektes zu erfassen, muss er Urlaubs- und touristische Reiseerfahrungen haben, sonst fällt er auf Wörter und Bilder herein.

Nun kann kein Mensch all das, was eine Kultur ausmacht, aus erster Hand erfahren und erlernen. Aber ein reiches, sinnlich-körperlich verankertes und durch Nachdenken geklärtes Erfahrungsrepertoire ist eine wichtige Voraussetzung für Bildungsprozesse aus zweiter Hand.

Es geht daher nicht um die Alternative »Bildung aus erster oder aus zweiter Hand«, sondern um die Frage: Wie viel Bildung aus erster Hand benötigen Kinder, um das Bildungswissen aus zweiter Hand sinnvoll nutzen zu können?

■ Bildungsprozesse von Anfang an denken

Erfurt: In der Malwerkstatt

Der Bildungsauftrag für die Jahre vor der Schule

Mit der Sprachentwicklung ist unser Wissen und Können doppelt verankert: Einmal in Form von Handlungs- und szenisch-bildhaften Mustern, zum anderen in sprachlichen Mustern.[33] Bildung besteht aus solchen Mustern erlebter, in Bildern gefasster und schließlich auch sprachlich gedachter Erfahrungen.

Nun ist unser alltägliches Bildungsverständnis aber völlig auf das eingestellt, was man als Bildungsgüter in unserer Kultur kennt und daher durch Mitteilung weitergeben kann. Das ist bislang auch die Grundlage des schulischen Bildungsverständnisses. Bereitet man Kinder nur auf die Schule vor, übersieht man den Bereich nicht-sprachlich gespeicherter Bildungsprozesse und ignoriert oder unterschätzt die Formen der Bildung, die aus eigenen Erfahrungen vor Ort entstehen. Das hat Auswirkungen auf die Fähigkeit, neu auftretende Probleme zu lösen, für die man noch keine Theorie hat, sondern erst eine finden muss.

Kinder brauchen also für ihren Bildungsprozess nicht nur das, was andere Menschen in unserer Kultur sich schon ausgedacht haben, sondern auch die Fähigkeit, einen Blick auf neue oder alte Probleme zu werfen, damit sie lösbar werden. Die Bildung einer differenzierten Wahrnehmungsfähigkeit, ein Geist, der seine Umwelt immer wieder mit neuen Augen sieht, ein Vorstellungsvermögen, das diese Wahrnehmungswelt neu zusammensetzt, Phantasie, die sich neue Szenarien ausdenkt – das gehört genauso zu einem produktiven, problemlösenden Denken wie ein wacher Verstand, analytisches Denkvermögen und logisch-prüfendes Denken. Dies hervorzulocken und zu fördern stellt sich nicht nur den Kindertageseinrichtungen als Aufgabe, sondern auch den Schulen, wie PISA deutlich gemacht hat.

Eine der wichtigsten Thesen der neueren Neurobiologie besagt, dass unsere Hirne die Denkfä-

---

33 Vgl. hierzu: Nelson. K.: Language in Cognitive Development. Cambridge University press 1996, S. 91-119

higkeiten entwickeln, die in einem bestimmten Umfeld gebraucht werden, und diejenigen sich zurückbilden, die keine soziale Resonanz finden. Man muss sich einmal vorstellen, was es bedeutet, dass Kinder als Finder und Erfinder auf die Welt kommen, ein Bildungssystem ihnen – vom dritten Lebensjahr an oder noch früher – dann aber abverlangt, hauptsächlich das zu tun, was die Gesellschaft verbindlich erwartet, wobei die Sinnesfähigkeiten, Vorstellungswelten und erfinderischen Gedanken der Kinder immer weniger zu Wort kommen. Wie können wir von solchen auf Rezeptivität getunten Hirnen verlangen, plötzlich – weil PISA will – wieder neugierig, selbstständig, geist- und lustvoll neue Problemnüsse zu knacken?

Die Aufgabe frühkindlicher Bildung ist zunächst die Entwicklung einer differenzierten und strukturierten Erfahrungswelt auf der Basis eigenen Welterlebens, bevor Kinder aus Instruktionen von anderen Menschen Nutzen ziehen können.

Bildung ist mehr als Lernen

Bildung ist das Ergebnis der Geschichte unseres Austauschs mit der gegebenen sozialen und materialen Umwelt. Sie beginnt mit der Geburt und endet mit dem Tod. Genau so wenig, wie wir aus unserer Geschichte aussteigen können, können wir aus unserer Bildung aussteigen.

Deshalb gehören zum Bildungsprozess alle Wahrnehmungs-, Erlebnis-, Erfahrungs-, Handlungs-, Denk- und Wissensbereiche, die ein Mensch im Umgang mit innerer und äußerer Wirklichkeit tatsächlich nutzt.

Bildung ist das Wissen und Können, das so grundlegend in uns verankert ist, dass es die Art und Weise ist, in der wir denken und handeln. Bildung ergibt sich aus einer besonders vertieften Lernerfahrung. Bildung ist daher mehr als Lernen, erfordert eine besondere Qualität des Lernens, eine Qualität, die es möglich macht, dass dieses Wissen und Können zum Werkzeug für die weitere Lebenserfahrung wird.

Setzt man Bildung nicht mit bestimmten Lerninhalten gleich, sondern mit einer bestimmten Qualität des Lernens, beginnt Bildung bereits mit der Geburt. Denn es sind die ersten Lebensjahre, in denen die grundlegenden Werkzeuge geschaffen werden, mit denen ein Mensch seine Umwelt erforscht und begreift.

Wirklichkeit und Phantasie

Die Absichten des Projekts

»Phantasie und Wirklichkeit«, das war die Formel für ein Programm, das sich durch das Projekt zog und das sich nun, am Ende des Projekts, mit mehr Erfahrung füllt. Drei Aspekte dieses Programms möchte ich hervorheben:

Ästhetik im Alltag

Ausgangspunkt war die »Schule der Phantasie« in Weimar. Angeregt durch Rudolf Seitz, hatte man in Weimar Werkstätten eingerichtet und den Kindern ein Feld bereitet, auf dem sie eigenständig und angeregt ihre eigenen Werkgedanken umsetzen konnten. Damit war den Kindern ein Forschungsbereich eröffnet, in dem sie die Wirklichkeit um sich herum mit ästhetischen Mitteln untersuchen und umgestalten konnten – ein Grundgedanke, von dem auch die erfolgreiche Arbeit der Reggio-Pädagogik ausgeht.

Spielen und Gestalten waren schon immer Bereiche, in denen die Phantasie nicht nur zu Hause war, sondern auch vielfältige soziale Resonanz genoss. Schien es doch so, als hätte Ästhetik nicht so viel mit der Bewältigung von Alltagsfragen zu tun und böte einen entspannenden Ausgleich gegenüber den anstrengenden Problembewältigungen, die dem »richtigen Lernen« dienten.

Vor dem Hintergrund der Reggio-Pädagogik hat das Projekt diese Position aber nicht bezogen, sondern das ästhetische Tun als den Anfang des kindlichen Forschens begriffen. Bevor man die Welt nicht in ihrer Differenziertheit und Vielfältigkeit aufmerksam wahrgenommen hat, kann man keine sinnvollen Fragen an diese Welt stellen und herausbekommen, was sie bedeutet. Gleichzeitig gilt aber auch: Wenn man keine Ideen hat, über einzelne Bereiche der vorgefundenen Wirklichkeit nachzudenken, dann wird diese Wirklichkeit auch nicht differenziert wahrgenommen.

Wahrnehmen und Denken hängen also sehr eng zusammen. Es lag nahe, das ästhetische Konzept der »Schule der Phantasie« für die Entwicklung der Bilder, die sich die Kinder von der konkret vor ihnen liegenden Welt machen, und der Gedanken, die daraus entspringen, zu nutzen. Ästhetische Erfahrung wurde zum Werkzeug, mit welchem Kinder und andere Menschen sich die Welt erschließen.

■ Bildungsprozesse von Anfang an denken

Phantasie und Wirklichkeit, das hieß also erstens: eine Verbindung herstellen zwischen Alltag und ästhetischer Erfahrung, ästhetische Erfahrung als wichtigen Teil der Alltagserfahrung kenntlich machen.

Phantasieren und logisches Denken

Die Begriffe »Phantasie« und »Wirklichkeit« knüpfen eine Verbindung zwischen lockerem und strengem Denken (Bateson). Das lockere Denken benutzt Bilder und Geschichten. Es schweift von Gedanken zu Gedanken, füllt sich mit gelebten Erfahrungen, gestaltet Szenen, erinnert sich an vergleichbare Ereignisse der Vergangenheit. Strenges Denken sucht darin Ordnungen, hebt das Allgemeine heraus, versucht die Muster zu entdecken, die über die einmalige Situation hinaus gültig sind. Das lockere Denken stellt Verbindungen her, das strenge Denken zergliedert und analysiert. Ohne das lockere Denken bleibt unser Wissen starr, unbelebt, immer auf der Seite der sicheren Ordnungen. Ohne das strenge Denken verlieren wir uns im Fluss der Rede, bringen keine Sache auf den Punkt, laufen vor Entscheidungen davon. Zur Bewältigung des Lebens brauchen wir beide Formen des Denkens.

Kinder kommen von der lockeren Seite des Denkens und füllen damit ihren Erfahrungshorizont. Sie suchen und finden Wege der Ordnung. Die Vermittlung von Wissen hingegen überbringt die Ordnungen, die unsere Vorfahren in unser Wissen und Können gebracht haben. Diese Ordnungen müssen durch die individuellen Erfahrungen erst verlebendigt werden. Treiben wir Kindern das lockere Denken aus, verliert ihr Wissen die Verbindung zur persönlichen Erfahrung und wird totes Wissen, Wissen, das man vielleicht gebrauchen kann, das aber ohne Bedeutung für das eigene Leben bleibt. Während das strenge Denken als ein Denken anerkannt ist, das durch Lernen gefördert werden soll, wird das lockere Denken pädagogisch gern an den Rand gedrängt und den musischen Fächern überlassen.

Im Projekt sollten beide Denkformen in der pädagogischen Arbeit mit den Kindern zum Zuge kommen. Pädagogische Antworten auf der Ebene des lockeren Denkens folgen dem Motto: »Da fällt mir noch eine Geschichte ein...«

Antworten auf der Ebene des strengen Denkens sind uns pädagogisch geläufiger. Ihr Motto lautet: »Suche die Regeln, nach denen unser Wissen geordnet ist.«

Doch würde das Leben keine Geschichten erzählen, gäbe es auch nichts zu ordnen. Wir brauchen also beides, um Alltag zu verstehen, und Kinder brauchen Wege, auf denen sie beide Denkformen weiterentwickeln können – nicht nur das strenge Denken, das so sehr zum Mittelpunkt des schulischen Lernens geworden ist.

Phantasie und Wirklichkeit, das heißt zweitens: dass lockeres und strenges Denken beim Lösen von Problemen zusammenspielen.

Von der Realität zur Utopie: Konkrete Utopien

Eine der grundlegenden Ideen des Projekts war, sich mit voller Aufmerksamkeit auf die Dinge einzulassen, die man kennen lernen will. Realität, das ist nichts, was vor uns liegt, nichts, was sich in klaren Fakten aufzählen lässt. Realität ist das, was wir entdecken, wenn wir ein vielfältiges Spektrum an Möglichkeiten eingesetzt haben, um die Dinge wahrzunehmen, handelnd zu erfahren und auf uns wirken zu lassen. Wirklichkeit erscheint reicher oder ärmer, je nachdem, wie wir sie wahrnehmen, welcher Auswahl an Aspekten wir Aufmerksamkeit schenken und welche Erfahrungen wir gedanklich klären.

Sich den Dingen aussetzen, sie mit vielfältigen Sinnen wahrnehmen und daraus Bilder und Gedanken entstehen lassen – das ist das Verständnis von Realität, das den Projektgedanken zugrunde liegt. Den Kindern den Reichtum an derartigen Realitätserfahrungen zu ermöglichen, ihn nicht pädagogisch-didaktisch auf scheinbar wichtige Kompetenzen einzuschränken, das war die Schlussfolgerung daraus.

Aus dem, was man erfahren hat, lassen sich Entwürfe anfertigen: Was könnte man mit diesem Ding, mit jener Handlung, mit jenem Gedanken noch machen? Schließlich kann man das, was man erfahren, erlernt, erkannt hat, ausprobieren. So steckt in jeder Realitätserfahrung auch ein Stückchen Utopie, eine Möglichkeit für eine Zukunft, die man noch nicht kennt. Konkrete Utopie kann man diese Utopie nennen, denn sie geht von den Möglichkeiten einer Sache aus, in die man sich vertieft hat.

Von der Realität zur Utopie – das war aber auch ein Gedanke, der dem Prozess des Projekts selbst zugrunde lag: Wir wollten die Wirklichkeit jeder Einrichtung in möglichst vielen Fassetten erfassen, um daraus Entwürfe hervorgehen zu lassen, die die Wirklichkeit der Einrichtung, der Menschen, die in ihr arbeiten, und der Kinder, die dort leben, aufnehmen und nicht überrollen. Auch hier sollten es konkrete Utopien sein, die wir mit den einzelnen Einrichtungen entwickeln wollten.

Phantasie und Wirklichkeit bedeutet drittens: in vertieften Wirklichkeitserfahrungen konkrete Utopien zu entdecken, für sich und für andere.

Das Bildungsverständnis des Projekts

Den Bildungsansatz, wie er im Projekt verstanden wird, kennzeichnen fünf grundlegende Elemente:

1. Ein Kinderbild, das die Selbsttätigkeit der Kinder anerkennt und zur Grundlage pädagogischen Tuns macht.

Bildung wird als ein Prozess verstanden, der vom Kind ausgeht und spätestens mit der Geburt beginnt. Kinder bilden sich. Dazu gehen sie von ihren Selbstbildungspotenzialen aus.

Selbstbildungspotenziale sind: Wahrnehmung, Bewegung, Vorstellungskraft und Phantasie, Spielen, Gestalten, sprachliches Denken, erste Ansätze mathematischen Denkens, Kommunikation und Verständigung, Lernen in komplexen Zusammenhängen und forschendes Lernen. Es sind Potenziale, mit denen Kinder – wenigstens ansatzweise – von Anfang an ausgestattet sind und die sie von sich aus benutzen, um sich in ihrer Welt zu orientieren. Indem Kinder ihre Selbstbildungspotenziale gebrauchen, entwickeln sie sie weiter. Das bedeutet: Selbstbildungspotenziale sind keine Natur des Kindes, sondern Handlungs- und Denkwerkzeuge, die aus der Kommunikation mit der Welt hervorgegangen sind. Selbstbildungspotenziale nutzen die Kinder in Alltags- wie auch in professionell inszenierten Lernsituationen.

2. Weisen der Verständigung, durch die sowohl die Sinnperspektive der Kinder wie auch die des sozialen Umfeldes und der sachlichen Inhalte aufeinander abgestimmt werden.

Kinder sind zuallererst Sinnsucher. Auch Babys müssen erfassen, was die Dinge um sie herum für ihr eigenes Leben bedeuten.
Der Sinn, den die Erwachsenen in den Dingen finden, ist nicht unbedingt der Sinn, den die Kinder damit verbinden. Dieses Problem wird meistens dadurch pädagogisch »gelöst«, dass der Sinn, den die Kinder Dingen und Geschehnissen geben, als kindlich, wenn nicht kindisch abgetan wird. Stattdessen wird der Sinnhorizont der Erwachsenen als der eigentlich richtige deklariert, dem sich die Kinder anzunähern haben. Damit wird der Sinnhorizont der Kinder zur Bedeutungslosigkeit verurteilt. Wollen wir die Sinnfrage nicht allein dadurch lösen, dass wir die Erwachsenenperspektive durchsetzen, müssen wir die Verständigung mit dem Kind suchen.

In Verständigungsprozessen geht es darum, den Sinnhorizont des Kindes und den eigenen Sinnhorizont in einem gegenseitigen Einigungsprozess aufeinander abzustimmen. Je älter die Kinder sind, desto mehr müssen dabei auch die Ansprüche der Sache selbst berücksichtigt werden.

Die Verständigung mit Kindern setzt voraus, dass wir wahrnehmen, was sie tun und treiben, dass wir erkennen, was sie sich ausdenken, dass wir sensibel dafür sind, was sie fühlen und empfinden. Das ist die Grundlage für das, was wir wahrnehmende Beobachtung nennen.

3. Wahrnehmendes Beobachten als professionelles Werkzeug zur Gestaltung des kindlichen Bildungswegs.

Wahrnehmendes Beobachten richtet sich auf die Individualität einzelner Kinder oder auf das individuelle Zusammenspiel von Kindern in Gruppen. Es beinhaltet die gesamte Breite menschlicher Wahrnehmungsmöglichkeiten von den Fernsinnen über die Nahsinne, Körpersinne und emotionale Wahrnehmungen.

Beim wahrnehmenden Beobachten werden nicht einzelne Verhaltensweisen gezielt beobachtet oder nach bestimmten Beobachtungsschemata abgefragt. Vielmehr erfordert es eine breit gefächerte Aufmerksamkeit und hält sich offen für Unerwartetes und Überraschendes. Es bezieht die Reaktionen der Beobachtenden ein. Da wahrnehmendes Beobachten der Ausgangspunkt für die tägliche pädagogische Arbeit mit den Kindern bildet, ist es wichtig, dass die Beobachtenden sich ihrer eigenen Reaktionen und Erlebnisse bewusst werden, die zusammen mit dem auftauchen, was sie bei den Kindern wahrnehmen. Ziel ist also keine Beobachtung, die das Kind wie einen objektiven Gegenstand von außen betrachtet. Vielmehr ist die Beziehung zwischen dem Kind und dem Erwachsenen und das, was sie an Erfahrungen und Erlebnissen hervorruft, der Kern dieser Beobachtungsweise.

Die möglichst differenzierte wahrnehmende Beobachtung der Beziehungen zwischen Kind und anderen Kindern, Erwachsenen, Gegenständen, Erlebnis- und Gedankenwelten ist die unabdingbare Basis für die Interpretation von diagnostischen Verfahren, die gelegentlich zur Klärung besonderer Sachverhalte eingesetzt werden können.

4. Eine Didaktik forschenden Lernens, die die Fragestellungen der Kinder aufnimmt und Wege ausfindig macht, auf denen Kinder ihr Weltbild entwickeln, differenzieren und mit kulturellen Beständen erweitern können.

Man kann nicht vom selbstregulierten Lernen der Kinder sprechen und ihnen gleichzeitig systematische Unterweisung anbieten. Die Didaktik muss den Kindern selbstständige Wege eröffnen, wenn sie Selbst-Tun nicht auf Wollen-Müssen beschränken will.

Kinder sind von Anfang an Forscher, die ihre Welt selbstständig erfassen. Sie tun das mindestens zwei Jahre lang, bevor ihnen jemand erzählen kann, was in der Welt los ist, bevor sie aus den Worten anderer Menschen lernen können. Das bedeutet, sie haben von Anfang an ein Potenzial an Möglichkeiten, sich selbst im Wirrwar der Wirklichkeit zu orientieren. Setzt man Kinder nur gezielten und systematischen Instruktionen aus, dann müssen sie die Selbstständigkeit des Fragens, Denkens und Antwortens verlernen. Deshalb verbindet sich der Bildungsansatz des Projekts mit didaktischen Arrangements, die die Selbstständigkeit der Kinder in ihren Bildungsprozessen herausfordern und unterstützen. Wichtige Bausteine sind:

- der (Innen- und Außen-)Raum als erster Erzieher; als ein Ort, der interessant genug ist, darin etwas zu entdecken;
- Funktionsräume und Werkstätten, in denen Kinder nicht einfach unterwiesen werden, sondern in denen sie ihren Fragestellungen handelnd und denkend folgen, sie erproben, sich darüber mit anderen Menschen austauschen, ihre Lösungswege ausprobieren;
- Projekte, in denen Kinder über längere oder kürzere Wegstrecken sich der Komplexität von Problemstellungen aussetzen und ihre Wahrnehmungen so zu ordnen lernen, dass sie Fragen stellen und beantworten können.

Was Kinder im instruierenden Lehren nämlich nicht lernen, das ist, dass die Wirklichkeit mit ihren Problemen nicht in einer wohlgeordneten Systematik gegeben ist, sondern dass das produktive Problemelösen damit beginnt, einen unüberschaubaren Wirklichkeitsausschnitt so zu organisieren und zu ordnen, dass man sinnvolle Fragen findet, die man beantworten kann.

5. Professionelle Erzieherinnen als kompetente Partnerinnen in kindlichen Forschungsprozessen. Wenn man kindliches Lernen als forschendes Lernen versteht, dann brauchen Kinder Erwachsene als Partner, die selbst neugierig sind und Fragen stellen, die Antworten ausprobieren und Freude daran haben, wenn es etwas zu entdecken gibt. Erzieherinnen sollten sich als Fachfrauen für wenigstens einen Bildungsbereich verstehen. Das heißt nicht, dass sie auf alles eine sachgerechte Antwort wissen müssen. Wo sie sich nicht gut auskennen, sollten sie bereit sein, mit den Kindern zu lernen.

Wichtig für die Forschungspartnerschaft zwischen Erzieherinnen und Kindern ist, dass Erzieherinnen sich ständig für die verschiedensten Denkwege interessieren, die Kinder gehen.

Die pädagogische Unterstützung für kindliche Forscher besteht aus Verständnis und Anerkennung für kindliche Denk- und Lösungswege sowie aus sachlicher Kooperation, die auf die Möglichkeiten der Kinder so eingeht, dass sie in ihrem Denk- und Lernprozess fortschreiten können.

Frühkindliche Bildung oder Wie man einen Elefanten schaukelt

Eigentlich ist ein Elefant ja viel zu schwer, als dass man ihn auf der Schaukel anstoßen könnte. Aber lassen wir ihn einfach einmal Platz nehmen. Sorgen wir dafür, dass er sich gut festhält und die Ketten nicht reißen. Dann schieben wir ihn an, mit Anlauf und viel Schwung. Wir prallen an der schweren Masse ab. Noch einmal, mit Ächzen, Stöhnen und aus dem Stand. Nichts rührt sich. Alles umsonst?

Nein. Denn als der Elefant sich auf die Schaukel setzte, geriet sie in Unruhe und bewegte sich noch ein klein wenig hin und her. Wenn man jetzt beginnt, seine Kraft im Takt der feinen Schwingung einzusetzen – schieben, wenn die Schaukel sich nach vorn bewegt, loslassen, wenn sie zurückschwingt –, fügt sich die eigene Kraft einer Kraft hinzu, die schon in der leichten Eigenschwingung steckt, in der Schwingung, die der Elefant durch seine Eigenbewegung und sein Gewicht bereits zustande gebracht hat. Gelänge es jetzt, die begonnene Bewegung immer weiter fortzusetzen, dann würde sich die Schwingung – langsam zwar, aber stetig – von Mal zu Mal vergrößern, und wenn es nur ein Millimeter wäre. Hat man genügend Geduld, könnte man den Elefanten richtig in Schwung bringen, weil man die vorhandene Schwingung durch das rhythmische Anstoßen vergrößert. In der Physik nennt man das ein Resonanzphänomen: Eine Schwingung wird durch eine andere überlagert. In diesem Fall, da die Überlagerung gleichsinnig erfolgt, wird sie dadurch verstärkt.

Man kann mit wenig Krafteinsatz mit einem System zusammenarbeiten, wenn man dessen Eigenbewegung aufnimmt und sie durch die eigenen Möglichkeiten verstärkt. Geht man nicht auf den Rhythmus des Systems ein, dann bremst man dessen Eigentätigkeit und muss zusätzliche Kraft aufwenden, diesen »Widerstand« zu überwinden.

Nun, hat das Beispiel einen Haken. Wir haben die Reibung vergessen, die auch zu überwinden ist, und dies um so mehr, je schwerer der Elefant ist. Vermutlich ist sie größer als die Kraft, die wir einsetzen können. Das heißt, wir verbrauchen unsere Kraft, um die Reibung zu überwinden, und von unserem Schwung kommt nichts mehr an, das die Eigenbewegung verstärken könnte. Auch wenn wir uns im Sinne der Resonanz verhalten, reicht die Kraft nicht aus, um die Reibung zu überwinden.

Ein schlechtes Beispiel also? Vielleicht doch nicht. Man muss nun nämlich viel Hirnschmalz einsetzen, um eine Schaukel zu konstruieren, die die Reibungsverluste möglichst gering hält, eine Schaukel, die die geeigneten Bedingungen bietet, dass die Kräfte dort ankommen, wo sie ankommen sollen, nämlich beim Schwingen, und nicht durch die Überwindung von Reibungsverlusten zunichte gemacht werden.

Es gibt also zwei Aufgaben, die man bewältigen muss, wenn man Kinder zum Schaukeln in geistige Höhen bringen willen: Man muss die Bewegung der Kinder aufgreifen und, so gut man kann, verstärken. Und man muss Rahmen- und Umweltbedingungen schaffen, die für dieses Vorhaben günstig sind und Reibungsverluste möglichst vermeiden.

Was aber wird im Bereich der frühkindlichen Bildung getan, nachdem man festgestellt hat, dass Kinder mehr wollen, als nur ein wenig auf der Schaukel hin und her zu wackeln? Es werden wilde Anläufe genommen, die große Anstrengungen vorgeben, es werden Messverfahren entwickelt, mit denen man die jeweils erreichten Höhen verbindlich feststellen möchte. Aber die Anstrengungen können kaum Wirkung entfalten,

- weil nicht auf die Eigenbewegung der Kinder geachtet wird, wenn sie sich bilden. Viele der Lehr- und Lernbemühungen gelingen zwar trotzdem, aber mit großem Kraftaufwand und wenig Spaß an der Sache. Es macht nämlich kein Vergnügen, wenn jemand die Schaukel wild traktiert und sie dabei immer wieder aus ihrem Rhythmus bringt;
- weil man an den Rahmenbedingungen sparen möchte, die dieses Sich-Bilden erfolgreich unterstützen. Es macht auch keinen Spaß, wenn man sich an Reibungsverlusten abarbeitet und die Bildungsschaukel nur schwach in Gang setzt.

Literatur

Arzenbacher, D./Springer, C.: Experimente mit Ton. Neuwied und Berlin, 2000

Arzenbacher, D./Springer, C.: Das Apfelsinenheft. verlag das netz, 2004

Arzenbacher, D./Springer, C.: Das Schneckenheft. verlag das netz, 2004

Arzenbacher, D./Springer, C.: Das Steineheft. verlag das netz, 2005

Arzenbacher, D.: Das Augenheft. verlag das netz, 2005

Bateson, G.: Ökologie des Geistes. Frankfurt am Main: Suhrkamp, 1996

Beek, A. v. d./Buck, M./Rufenach, A.: Kinderräume bilden. Weinheim, Basel, Berlin, 2003

Burzel, E.: Phantasiewerkstatt. Neuwied und Berlin, 1996

Bruner, J.: Wie das Kind sprechen lernt. Bern, Stuttgart, Toronto, 1987

Damasio, A. R.: Descartes Irrtum – Fühlen, Denken und das menschliche Gehirn. München, Deutscher Taschenbuch Verlag, 5. Auflage, 2000

Dornes, M.: Der kompetente Säugling. Frankfurt a. M., Fischer, 10. Aufl., 1999

Edelman, G.: Unser Gehirn – Ein dynamisches System. Die Theorie des neuronalen Darwinismus und die biologischen Grundlagen der Wahrnehmung. München, 1993

Eliot, L.: Was geht da drinnen vor – Die Gehirnentwicklung in den ersten fünf Lebensjahren. Berlin, Berlin Verlag, 2001

Elschenbroich, D.: Weltwissen der Siebenjährigen. München, 2001

Ermann, G.: Erfahrungen mit der Methode der Babybeobachtung. In: Forum der Psychoanalyse, Band 12, Heft 4, 1996, S. 279-290

Fellechner, G.: TatOrt BauRaum. Unveröffentlichtes Manuskript, Berlin, 1996

Fischer, E.-P.: Die andere Bildung – Was man von den Naturwissenschaften wissen sollte. Ullstein Verlag, München, 2003

Fischer, E.-P.: Die Bildung des Menschen – Was die Naturwissenschaften von uns wissen. Ullstein Verlag, Berlin, 2004

Gardner, H.: Der ungeschulte Kopf. Wie Kinder denken. Stuttgart, 1993

Greenspan, S.: Die bedrohte Intelligenz. Die Bedeutung der Emotionen für unsere geistige Entwicklung. München, 2001

Gopnik, A./Kuhl, P./Meltzoff, A.: Forschergeist in Windeln – Wie ihr Kind die Welt begreift. München: Ariston, 2000

Hentig, H. v.: Bildung. München, Wien, 1996

Holl, H. G.: Das lockere und das strenge Denken – Essays über Gregory Bateson. Weinheim, Basel, 1985

Kiphard, E.: Entwicklungen und Perspektiven der Psychomotorik. In: Huber u.a.: Psychomotorik in Therapie und Pädagogik. Dortmund, 1990

Klein, L./Vogt, H.: Leben in der Familiengruppe. Freiburg, 1995

Krappmann, L./Peukert, U.: Altersgemischte Gruppen in Kindertagesstätten. Freiburg, 1995

Laewen, H.-J.: Bildung, Erziehung und Betreuung in Kindertageseinrichtungen. Infans, Berlin, 2000

Laewen, H.-J./Andres, B. (Hrsg.): Forscher, Künstler, Konstrukteure. Werkstattbuch zum Bildungsauftrag von Kindertageseinrichtungen. Neuwied; Berlin: Luchterhand, 2002

Lakoff, G./Johnson, M.: Leben in Metaphern. Heidelberg, 1998

Lange, U./Stadelmann, Th.: Spiel-Platz ist überall. Neuwied und Berlin, 2001

Löscher, W. (Hrsg.): Vom Sinn der Sinne. München, 1996

Lück, G.: Handbuch der naturwissenschaftlichen Bildung. Theorie und Praxis für die Arbeit in Kindertageseinrichtungen. Herder, Freiburg, 2003

Mahlke, W./Schwarte, N.: Raum für Kinder. Weinheim und Basel, 1989

Miedzinski, K.: Die Bewegungsbaustelle. Dortmund, 1998

Nelson, K.: Language in Cognitive Development, Canbrige University press, 1996

Piaget, J.: Nachahmung, Spiel und Traum. G. W. Studienausgabe. Stuttgart, 1975

Preissing, Ch. (Hrsg.): Qualität im Situationsansatz. Weinheim, 2003

Schacter, D.: Wir sind Erinnerung. Gedächtnis und Persönlichkeit. Reinbek bei Hamburg, 2001

Schäfer, M.: Groß und Klein unter einem Dach. Freiburg im Breisgau, 1996

Regel, G./Kühne, Th.: Arbeit im offenen Kindergarten. Freiburg im Breisgau, 2001

Regel, G./Kühne, Th. (Hrsg.): Bildungsansätze im offenen Kindergarten. Hamburg, 2000

Regel, G./Wieland, A.: Offener Kindergarten konkret. Hamburg, 1993

Reggio Children/Projekt Zero: Making Learning Visible, Reggio Children 2001

Reggio Children (Hrsg.): Hundert Sprachen hat das Kind. Neuwied und Berlin, 2002

Reggio Children (Hrsg.): Springbrunnen. Aus einem Vergnügungspark für Vögelchen. Neuwied, Kriftel, Berlin, 1998

Reggio Children (Hrsg.): Alles hat einen Schatten, außer den Ameisen. Neuwied, Berlin, 2002

Reymo, Ch.: Mein täglicher Spaziergang durch das Universum. Frankfurt/Main, 2004

Schäfer, G. E.: Spielphantasie und Spielumwelt. Weinheim, 1989

Schäfer, G. E.: Bildungsprozesse im Kindesalter. Selbstbildung, Erfahrung und Lernen in der frühen Kindheit. Weinheim, München, 1995

Schäfer, G. E.: Fallstudien in der frühpädagogischen Bildungsforschung. In: Honig, M. S./Lange, A./Leu, H.-R. (Hrsg.): Aus der Perspektive von Kindern. Zur Methodologie der Kindheitsforschung. Weinheim, München, 1999, S.113-132

Schäfer, Gerd, E.: Sinnliche Erfahrung bei Kindern. In: Lepenies/Nunner-Winkler/Schäfer/Walper: Kindliche Entwicklungspotentiale. Normalität, Abweichung und ihre Ursachen. Bd. 1. Materialien zum 10. Kinder- und Jugendbericht. Opladen, 1999(a). Verlag Deutsches Jugendinstitut. S. 153-290

Schäfer, G. E.: Frühkindliche Bildungsprozesse. Herausforderungen einer Pädagogik der Frühen Kindheit. In: Neue Sammlung 39, 1999(b), 3, S. 213-226

Schäfer, G. E.: Ästhetische Erfahrung als Basis kindlicher Bildungsprozesse. Sinnliche Wahrnehmung – Leiberfahrung – Gefühle – Phantasie. In: Neuß, N. (Hrsg.): Ästhetik der Kinder. Interdisziplinäre Beiträge zur ästhetischen Erfahrung von Kindern. Frankfurt/Main, 1999(c), Gemeinschaftswerk der Evangelischen Publizistik, Abt. Verlag, S. 21-31

Schäfer, G. E.: Erziehungswissenschaftliche Erzählungen. In: Kiersch, J./Paschem, H. (Hrsg.): Alternative Konzepte für die Lehrerbildung. Bd. II, Bad Heilbrunn, 2001, S. 181-198

Schäfer, G. E.: Frühkindliche Bildung – Zehn Thesen. In: klein und groß. 2001(a), H. 9, S. 6-11

Schäfer, G. E.: Spiel. In: Otto, H.-U./Thiersch, H. (Hrsg.): Handbuch Sozialarbeit, Sozialpädagogik. 2. Auflage 2001(b), S. 1906-1812

Schäfer, G. E.: Selbstbildung als Verkörperung präreflexiver Erkenntnistheorie. In: Datler, W./Schmid, E./Noerr, A./Winterhager-Schmid, L. (Hrsg.): Das selbständige Kind. Jahrbuch für Psychoanalytische Pädagogik 12. Gießen, 2002, S. 120-150

Schäfer, G. E.: Ästhetische Erfahrung – ein grundlegendes Element kindlicher Bildung. In: Hille, A./Schäfer, D. (Hrsg.): Zukunft Kindergarten. Freiburg, 2002(b)

Schäfer, G. E.(Hrsg.): Bildung beginnt mit der Geburt. Weinheim, Basel, Berlin, 2. veränd. Aufl., 2005

Seitz, M.: Schreib es in den Sand. München, 1996

Seitz, R.: Phantasie & Kreativität. München, 1998

Singer, W.: Wie kann ein Mensch lernen? Vortrag, gehalten anlässlich des ersten Werkstattgesprächs der Initiative McKinsey. Frankfurt/M., 12. Juni 2001

Solms, M./Turnbull, O.: Das Gehirn und die innere Welt – Neurowissenschaft und Psychoanalyse. Düsseldorf/Zürich, Patmos, 2004

Sommer, B.: Kinder mit erhobenem Kopf. Kindergärten und Krippen in Reggio Emilia. Neuwied und Berlin, 1999

Spitzer, M.: Lernen – Gehirnforschung und die Schule des Lebens. Heidelberg/Berlin, Spektrum Akademischer Verlag, 2002

Stenger, U.: Schöpferische Prozesse – Phänomenologisch-anthropologische Analysen zur Konstitution von Ich und Welt. Weinheim, München, Juventa, 2002

Stern, D.: Die Lebenserfahrung des Säuglings. Stuttgart, Klett-Cotta, 1992

Steudel, A.: »Beobachtend wahrnehmen« – was heißt das? In: KiTa aktuell NRW, Nr.11, 2003, S. 220-223

Thier-Schroeter, L./Diedrich, R.: Kinder wollen bauen. München, 1995

Thiersch, R./Maier-Aichen, R.: Projekte zur Weiterentwicklung der Tagesbetreuung von Kindern. Kurzfassung des Abschlussberichts. Landeswohlfahrtsverband Württemberg-Hohenzollern, 1991-95

Thiersch, R./Maier-Aichen, R.: Studie über die Beziehungen von Kindern in drei unterschiedlichen Einrichtungen unter dem Gesichtspunkt von Altersmischung und Öffnung der Gruppen. Landeswohlfahrtsverband Württemberg-Hohenzollern, 1991-95

Wagenschein, M.: Verstehen lehren. Weinheim, Basel, 5. Aufl., 1975

Welzer, H.: Das kommunikative Gedächtnis – eine Theorie der Erinnerung. München, Beck, 2002

Zimmer, R.: Alles über den Bewegungskindergarten. Freiburg im Breisgau, 2001.

Wissenschaftliche Leitung des Projektes:

Prof. Dr. Gerd E. Schäfer, Universität zu Köln

Projektleitung:

Erika Burzel, Schule der Phantasie, Weimar

Projekteinrichtungen:

Erfurt, Kindergarten »Weltentdecker«

Mühlhausen, Kindertagesstätte »Kinderland am Wendewehr«

Niederdorla, Evangelischer Kindergarten

Weimar, KindergARTen Waldstadt

Projektmitarbeiterinnen in den Einrichtungen:

Hilke Eden, Erfurt

Maren Huck, Erfurt, zeitweise

Steffi Kirchner, Mühlhausen

Katharina Siebigteroth, Niederdorla

Andrea Reichardt, Weimar

Träger der Projekteinrichtungen:

Jugendamt der Stadt Erfurt,
Steinplatz 1, 99085 Erfurt

Priorat für Kultur und Soziales e.V.,
Puschkinstr. 3, 99974 Mühlhausen

Evangelische Kirchengemeinde Niederdorla,
Am Wasser, 99986 Oberdorla

Hufeland Trägergesellschaft Weimar mbH,
Martin-Luther-Str. 2, 99425 Weimar

Fortbildungsteam:

Dipl. Päd. Angelika von der Beek

Dipl. Päd. Holger Dehnert

Dipl. Päd. Antje Steudel

Das Bildmaterial stammt aus den vier Modelleinrichtungen, mit Ausnahme der Fotos S. 58 und 65, die in Kitas der Hufeland-Trägergesellschaft Weimar aufgenommen wurden, nachdem sie nach dem Hamburger Raumgestaltungskonzept umgebaut worden sind.